OLIVER JEGES
GENERATION MAYBE

OLIVER JEGES

GENERATION MAYBE

Die Signatur einer Epoche

HAFFMANS ▐▌ TOLKEMITT

Deutsche Erstausgabe

1. Auflage, Februar 2014

Copyright © 2014 Haffmans & Tolkemitt GmbH,
Inselstraße 12, D-10179 Berlin
www.haffmans-tolkemitt.de

Lektorat: Klaus Gabbert, Büro Z, Wiesbaden.
Umschlaggestaltung: Hendrik Hellige, Berlin.
Gestaltung & Produktion von Urs Jakob,
Werkstatt im Grünen Winkel, CH-8400 Winterthur.
Satz: Fotosatz Amann, Memmingen.
Druck & Bindung: Ebner & Spiegel, Ulm.
Printed in Germany.

ISBN 978-3-942989-64-0

»Don't be a Maybe.«
— Marlboro-Kampagne

»Maybe you should go fuck yourself!«
— Anti-Marlboro-Kampagne

INHALT

EINLEITUNG

»I'm just talkin' 'bout my g-g-g-generation.«
— The Who

Es stinkt.

Wir sitzen am Maybachufer und schauen der untergehenden Sonne entgegen. Es ist gerade so gegen acht. Eben noch haben wir uns beim Späti mit Bier und Wein eingedeckt. Freunde aus Wien und Hamburg sind da. Das gilt es zu feiern, man hat sich lange nicht gesehen.

Ein angenehmer Wind bläst. Elektro wummert aus einer Box. An uns fließen junge Menschen im Wasser vorbei. Sie recken die Arme in die Luft und winken uns zu. Sie schreien. Die schreienden Gesichter lachen. Wir lachen und winken zurück.

Im Sommer fahren manche Berliner auf kleinen Booten über den Landwehrkanal. Manche feiern Feste, mit Bässen und Bier. Andere rudern gemächlich vor sich hin. Einfach so, um ein wenig zu entspannen. Am Ufer sitzen Leseratten, versunken in ihre Werke der Weltliteratur. Studenten joggen rotbäckig vorbei, Herrchen promenieren mit ihren Hunden. Lesestube, Marathonstrecke, Pissmeile. Jeder kann hier nach seiner Fasson glücklich werden. Ein Ufer als Inbegriff von Freiheit.

Als wir uns mit Bierflaschen zuprosten, zieht wieder dieser üble Gestank vorbei. Riecht irgendwie nach Abwasser. Vielleicht hat es in der Nähe ein Kanalrohr zerrissen, denke ich, und jetzt strömt die ganze Hauptstadtscheiße wie flüssige Lava in den Landwehrkanal. Wir nehmen dennoch alle einen Schluck, den beißenden Geruch ignorierend. Wir tauschen uns aus, es ist viel passiert. Einer hat soeben fertig studiert, eine andere ist jetzt eine junge Mama. Wir sind gut drauf. Und doch zwickt uns was. Wir merken alle, nicht so richtig zu wissen, wo wir hinwollen, wie es im Leben weitergehen soll. Wir leiden nicht darunter. Es ist ein vages, aber doch schneidendes Gefühl, nicht akut, sondern chronisch.

Es geht uns eigentlich gut. Aber es ist dieses schwerelose Gefühl, das uns alle verbindet. Das Gefühl, dass wir auf der Stelle treten. Dass wir uns schwertun mit Entscheidungen. Dass wir nicht wissen, was richtig und was falsch ist. Jenes namenlose Gefühl ist die Urkraft meiner Generation. Es ist unsichtbar. Aber es ist irgendwie anrüchig. Genauso wie der latente Klosett-Mief an diesem Spätsommerabend am Maybachufer.

Ich bin ein Maybe.

Meine Freunde sind Maybes.

Deren Freunde sind es auch, wie sie mir erzählen.

Und deren Freunde – nun gut, lassen wir das.

Ich bin ein Maybe. Ich wäre zwar gern keiner, aber es ist nun mal so. Ich tue mich schwer, Entscheidungen zu treffen. Mich festzulegen. Mich einer Sache intensiv zu widmen. Ich habe kein ADHS. Und dennoch bin ich aufmerksamkeitsgestört, entscheidungsschwach. Ich sehe all die Optionen vor mir, die Verlockungen einer ultramodernen Welt, in der alles möglich ist. Egal, was wir wollen, was ich will, es ist meist nur einen Mausklick entfernt. Seit wann das so ist, weiß ich nicht. Ich weiß auch nicht, ob ich Opfer eines Zeitgeistes oder freiwillig mit vollem Tempo in diese Geisteshaltung hineingedonnert bin. Es spielt im Grunde auch keine Rolle.

Ich würde am liebsten immer ganz genau wissen, wo ich im Leben mit mir hin will. Genauso gerne hätte ich ständig gutes Wetter, nie Erkältungen und immer gute Laune. Aber das gibt es nur in der Werbung. Irgendwann habe ich festgestellt, dass es nicht nur mir so geht, sondern vielen anderen Altersgenossen ebenso. Ja, eigentlich den meisten.

Doch womit ringen wir?

Unsere Probleme sind in der Tat überschaubar: Haben wir unsere Ernährung den neuesten wissenschaftlichen Erkenntnissen angepasst? Sollen wir das milde oder das prickelnde Mineralwasser trinken? Und warum ist dieses verdammte Internet schon wieder so langsam, ausgerechnet dann, wenn man gerade den neuesten Kracher von Quentin Tarantino aus dem Netz saugen will!?

Keine Wirtschaftskrise vermag uns in Panik zu versetzen, aber ein verspäteter Billigflieger nach Mallorca oder London. Wenn wir politisch etwas anpacken, ob Occupy-Proteste oder Piratenpartei, geht es fast immer in die Hose – und das dünn und flott.

Wir sind die erste Alterskohorte, die immer öffentlich ist. Die kaum noch Privatsphäre kennt. Wir teilen unser Leben mit unseren digitalen Freunden, wollen von ihnen bewundert oder gebauchpinselt werden. Seht her, was ich kann, was ich habe, wen ich kenne, wo ich überall bin.

Wir sind eine Generation ohne Eigenschaften.

Eigenschaftslos.

Das heißt nicht, dass wir nichts zustande bringen. Es

heißt nur, dass wir schlicht keine Ideale oder Werte haben. Wir haben kein Wir-Gefühl. Wir sind Ichlinge, die durch die Zeit geistern. Haben frühere Generationen sich noch gefragt »Was ist der Sinn des Lebens?«, fragen wir uns heute »Wer bin ich, und wenn ja, wie viele?«. Und vor allem sagen wir lieber Jein, als uns auf etwas festzulegen.

Beschrieb Florian Illies seine *Generation Golf*, also die zwischen 1965 und 1975 Geborenen, noch als harmlose Spießgesellen mit leichter Neigung zum Hedonismus, so ist die heutige Generation der ab 1980 Geborenen beinahe das genaue Gegenteil. Wir leben ökologisch bewusst, neigen zu minimalistischen Lebenskonzepten, haben oft Spiritualität für uns entdeckt. Während es sich die Generation Golf in ihrer Kindheit noch bei »Wetten, dass ...?« und später bei Harald Schmidt auf der Couch gemütlich machte, besitzen viele in unserer Generation gar keinen Fernseher mehr. Wenn wir gucken, dann am liebsten *Joko & Klaas* – und das online in der Mediathek. Wir sind die erste Generation, in deren Jugend bereits das Internet hineinragte. Wir sind die erste kabellose Generation. Wir gucken weder öffentlich-rechtlich noch privat, sondern zeitautonom. Ein Leben in analoger Unschuldigkeit kennen wir zwar, aber lediglich aus unserer frühen und mittleren Kindheit. Waren die Golfer als unsere älteren Geschwister noch ein homogener Schmelztiegel, sind wir Maybes ein heterogenes Mosaik.

Unsere gemeinsame Eigenschaft ist, dass wir keine gemeinsame Eigenschaft haben.

Politisch? Sind wir weder links noch rechts. Wirtschaftlich? Sind wir weder für einen starken Staat, noch glauben wir an die Allmacht der Märkte. Kulturell? Können wir uns sowohl mit Harry Potter als auch mit Lars von Trier anfreunden. In den Urlaub fahren wir ebenso gerne nach Barcelona, Kalifornien oder Vietnam wie auch in die heimatliche Provinz. Das gesamte Wissen der Welt steht uns heute mit Google, Wikipedia und Konsorten kostenlos und rund um die Uhr zur Verfügung. Wer keine Skrupel kennt, kann sich Filme, Musik und Literatur aus dem Netz holen, auch ohne einen einzigen Cent dafür zu bezahlen. Illegal zwar, aber möglich. Wer sich bilden will, ist nicht mehr zwingend auf Herkunft, Eltern, Schule, Umfeld, Arbeit oder Geld angewiesen. Zwischen der kanonischen Bildung und einem selbst steht nur noch die Entscheidung, den ersten Schritt zu tun.

Wir sind die Superangepassten. Die Alleskönner. Die Alleswoller.

Haben oder Sein ist für uns keine Frage. Konsum sehen wir kritisch, schlagen dann und wann aber so richtig zu. Mit uns kommt irgendwann die erste Generation in Chefetagen, die nicht in Chefetagen will. Für uns ist jeder Tag ein Casual Friday. In Schale werfen wir uns maximal fürs Familienfest, aber nicht unbedingt fürs Büro. Falls wir überhaupt noch in ein Büro gehen. Unser Arbeitsplatz ist schließlich da, wo es WLAN gibt. Ob zuhause am Schreibtisch, im Szene-Café oder im »Coworking Space«.

Viele von uns beschleicht das Gefühl, dass sich Leistung nicht mehr lohnt. Man kann rund um die Uhr schuften, in teils mehreren Berufen, kann unzählige Praktika vorweisen, und doch bekommt ein anderer den heiß ersehnten Job. Wir wissen noch nicht genau, wie Arbeit im digitalen, wissensbasierten 21. Jahrhundert aussehen soll. Was wir aber wissen, ist, wie es nicht sein soll: keine 40-Stunden-Woche, mehr Freiheit, um Hobbys zu pflegen oder Zeit mit der Familie zu verbringen.

Wenn wir uns nicht gerade über unsere ausbeutenden Arbeitgeber und unbezahlten Praktika beschweren, sehen wir die Welt durch eine rosarote Brille. Wir meinen, alles im Leben erreichen zu können. Auch die Riesenvilla mit Hauspersonal, Luxusyacht, Geld und Ruhm. Sollte das nicht gelingen, sind wir enttäuscht.

Eigentlich läuft ja alles ganz gut, wäre da nicht diese innere Leere. Denn unsere Generation durchzieht ein Knacks. Ein feinsäuberlicher Riss. Wir wissen nicht, wann und wo wir ihn uns zugezogen haben, aber er breitet sich aus. Wir wissen, dass es uns an nichts fehlt – und doch fehlt uns was. Ist es ein Sinn? Orientierung? Sind es Werte? Wahrscheinlich von allem etwas.

Wir sind die Richtungslosen, die sich nicht entscheiden wollen oder können. Entschlüsse schieben wir so lange auf, bis es schon fast wehtut. Prokrastination heißt der fachchinesische Begriff dafür. Niemand vor uns kannte dieses Wort. Aufgrund so vieler Optionen wie nie zuvor in der Geschichte kämpft unsere Generation mit jenem Über-angebot, das ihr potentiell zur Verfügung steht. Als wären wir allesamt von der DDR in den Westen geflohen und fänden uns nun mit dem neugewonnenen Überfluss an der Wursttheke oder im Obstregal nicht zurecht.

Wir stecken fest. Wie in einem Aufzug in einem hundertstöckigen Wolkenkratzer. Auf der Fahrt haben wir auf einmal vergessen, wo wir eigentlich aussteigen und hin wollten. Jede Entscheidung könnte eine falsche gewesen sein, und das ganze Leben verliefe dann in eine Richtung, die nicht mehr umkehrbar ist.

Überall ist alles möglich: in der Politik, der Kunst, der Sexualität, der Architektur, der Berufswahl. Man kann heute nicht nur jederzeit den Arbeitsplatz, sondern auch das Geschlecht wechseln, die Profession, die Richtung. Man kann seine Meinung von heute auf morgen ändern. Wie sagte Paul Valéry einmal so schön: »Ich bin nicht immer meiner Meinung.« Das gilt auch für uns. Wir sind biegsamer, opportuner und flexibler geworden. Nicht unbedingt rückgratlos. Einfach nur elastischer. Gummiartiger. Wir sind Gummiwesen. Wir denken liberal, sozial und wirtschaftlich – alles zugleich.

Wir haben Angst. Wir verdrängen sie nur ganz gut. Wir haben Angst, dass uns die ganz große Krise heimsucht. Wir haben Angst, dass aus uns nichts wird. Wir haben Existenzangst. Wir glauben zu wissen, dass es so wie jetzt nicht mehr lange weitergeht. Uns wird so viel abverlangt wie niemandem zuvor: Wir sollen in jedem nur erdenklichem Lebensbereich perfekt funktionieren – welch scheußliche Metapher.

Und doch wollen wir Optimisten sein. Wir haben Sensoren entwickelt, die uns in kein Extrem abgleiten lassen. Wir sind extrem unextrem. Wir sind alles zugleich und daher nichts wirklich. Weder sind wir Angsthasen, noch sind wir Helden. Wir sind in einer postmodernen Schockstarre gefangen, die uns vergessen lässt, was wir mit uns anfangen sollen.

Es gibt keinen roten Faden mehr, der sich durch ein Leben zieht. Weder beruflich (von Job zu Job) noch in der Liebe (Lebensabschnittspartner), noch in der Haltung (vom Öko zum Kapitalisten und wieder zurück zum Aussteiger und Vollzeithippie). Wir können heute potentiell alles erreichen. Doch wollen wir uns einfach nicht festlegen. Alles kann, nichts muss.

Unser Leben gleicht heute einer Baustelle. Überall und immer gibt es was zu schrauben, klopfen und polieren.

Wir wissen nur nicht, wo genau wir anfangen sollen. Yippie ya ya yippie yippie yeah.

Wer sind wir? Wer ist diese Generation, die sich hinter MacBook und Smartphone, Latte macchiato und Club Mate versteckt? Deren Leitmotto »Keep calm and carry on« lautet und deren Lebensziel ein CO_2-freier Fußabdruck ist?

Gerade in unserer Generation wimmelt es nur so von Individuen, die nichts mit sich anzufangen wissen. Das hat mit uns zu tun, viel mehr aber noch mit der Zeit, in der wir leben. Der Zeitgeist ist das Wasser auf die Mühlen der Generation Maybe. Wir Jungen werden vom Zeitgeist angetrieben, wie ein Segel, in das der Wind hineinfährt.

Wir sind eine Generation, die sich permanent fragt: Leben – wie geht das?

Die jungen Menschen der Unterschicht fragen sich, ob sie später im Leben einmal Hartz-IV werden oder es zu Deutschlands nächstem Superstar bringen. Die Elite-Jugend wiederum ist unentschlossen, ob sie nun Papas Firmenimperium übernehmen oder doch etwas Eigenes auf die Beine stellen soll. Alle anderen dazwischen hangeln sich eher schlecht als recht von Job zu Job, von einer verpassten Chance zur nächsten und hoffen, nicht ins Existenzminimum abzurutschen. Wir wollen tun, worauf wir Lust haben, wollen hoch hinaus im Leben, wollen nie Alltag, wollen nur Erlebnis. Ist das vielleicht die Lebenslüge unserer Generation?

Ich will nicht belehren. Dieses Buch ist kein Pamphlet und kein Manifest, kein Plädoyer und keine Anklage. Im besten Fall ist es ein Spiegel, in dem ihr euch oder eure Umgebung wiedererkennt, in dem Sie, wenn Sie Golfer oder 68er sind oder sonst einer anderen Generation angehören, uns Maybes kennenlernen. Alles, was ich versucht habe, ist, unsere Generation unter die Lupe zu nehmen, so wie der Forscher ein Insekt. Er will beim genauen Hinsehen zur Einsicht kommen, um was für ein Tier es sich dabei handeln könnte.

Ein Buch über eine Generation zu schreiben ist nicht möglich, ohne zu pauschalisieren. Ich nenne mich und meine Altersgenossen die »Generation Maybe«, inspiriert durch eine Werbekampagne der Zigarettenmarke Marlboro. Mit dem Slogan »Don't be a maybe« hat der Tabakkonzern einen offenliegenden Nerv getroffen. Einen so heiklen, dass die Werbekampagne im Herbst 2013 auf richterlichen Beschluss verboten wurde. Mit der Begründung, die Reklame sei so stimmig, dass junge Menschen sofort mit dem Rauchen beginnen wollen würden. Wie sagte der Satiriker Karl Kraus einmal so schön: »Was trifft, trifft auch zu!«

Wie man auf den kommenden Seiten sehen wird, handelt es sich bei unserer Generation eher um eine Ansammlung von Individuen als um eine homogene Gruppe. Schließlich gehören zu unserer Generation so unterschiedliche Geschöpfe wie Philipp Mißfelder (CDU), Daniela Katzenberger (VOX) und Casper (*XOXO*), der BMW-fahrende Dönerverkäufer mit türkischem Migrationshintergrund (Neukölln) sowie der NPD-wählende Arbeitslose mit biodeutschem Stammbaum (Neuruppin). Der Hipster wie der Normalo.

Wir sind Individualisten. Ohne Verallgemeinerung kommt man aber dennoch zu keinen Schlüssen. Natürlich gibt es Unterschiede zwischen Löwen, Tigern, Pumas, Ozelots und Hauskatzen. Dennoch gehören sie alle zur Familie der Felidae. Für den Alkoholiker ist es egal, ob er

Whisky, Wodka oder Rum bekommt, Hauptsache Schnaps! Und ob wir jetzt von Astronauten, Kosmonauten oder Taikonauten reden, kann auch nicht davon ablenken, dass letzten Endes alle drei in den Weltraum fliegen, völlig egal aus welchem Land sie kommen.

Wer nicht generalisiert, kommt seltener zu Erkenntnissen, der Blick auf das Ganze macht den Blick klarer. Darum schreibe ich über uns, wohlwissend, dass jeder seinen eigenen Kopf hat.

ALLES GEHT!

»You have to be unique and different,
and shine in your own way.«
— Lady Gaga
»Ich liebe das Freie und Unverbindliche.«
— Philipp Poisel
»Lauf schon so lang, nur weiß nicht wohin.«
— Prinz Pi

Fangen wir mit Marie an.

Marie ist eine junge kreative Frau. Das findet nicht nur sie selbst. Auch andere sehen das Talent in ihr, von dem sie selbst weiß. Sie muss nur noch einen Weg finden, ihr Potential auszudrücken. Sie würde gerne singen oder Schauspielerin werden. Doch eine Kehlkopfkrankheit lässt das nicht zu. Wenig später entdeckt Marie ihre Liebe zur Malerei. Sie geht nach Paris, lernt das Handwerk. Nach nur kurzer Zeit schafft sie bereits Bilder, die die Leute beeindrucken. Bald darauf hängen die ersten Werke von ihr in Pariser Museen. Doch so richtig glücklich macht sie all das nicht. Sie sagt sich, dass da noch mehr sein muss. Ihre Erfahrungen, ihre Gefühle, ihre Verzweiflung notiert sie hin und wieder in ihrem Blog: »Ich habe es satt, unbedeutend zu sein. Ich modere im Schatten dahin. Die Sonne, die Sonne, die Sonne! Los geht's – lasst uns mutig sein. Die Zeit ist eine Reise, die mich dorthin führt, wo es mir gut geht. Bin ich wahnsinnig? Oder vom Schicksal auserwählt? So oder so, ich bin gelangweilt!« Wenig später schreibt Marie den Satz, den heute jede zweite Biografie über sie als

Titel trägt: »Ich will alles sein!« Mit 25 stirbt sie an Tuberkulose. Sie hatte nicht mehr die Chance, alles zu werden, alles zu sein. Wir schreiben das Jahr 1884.

Marie Bashkirtseff, so ihr voller Name, hat zu jener Zeit natürlich keinen Blog geschrieben. Aber so etwas Ähnliches. Man nannte es damals Tagebuch. Drei Jahre nach ihrem Tod werden ihre Aufzeichnungen veröffentlicht und avancieren zu einem Bestseller. Junge Frauen über den ganzen europäischen Kontinent verstreut lesen, was Marie gedacht, geschrieben, gefühlt hatte. Wikipedia spricht sogar von einem »Kultbuch« der damals jungen Frauengeneration. Fast jede, die eine Kopie des Tagebuchs in die Hand bekam, verschlang es über Nacht. Viele Leserinnen erkannten sich in den Notizen der Marie Bashkirtseff wieder. Nicht nur die Betuchten, die, so wie Marie, ein Leben im Wohlstand des Landadels verbrachten, fühlten sich angesprochen.

Heute, mehr als ein Jahrhundert später, gilt der Spruch »Ich will alles sein!« immer noch. Vielleicht sogar mehr als je zuvor. Aber das trifft auch für ihr anderes Bekenntnis zu: »Ich bin gelangweilt.« Wer es heute mit jungen Menschen wie mir zu tun hat und den allermeisten ab 1980 Geborenen, sieht diese zwei Aussagen der Marie Bashkirtseff wie ein Déjà-vu vor sich aufziehen. Wir wollen alles, darunter machen wir es selten.

Woran wir knabbern, ist der Traum vom perfekten Leben. Irgendwann haben wir begonnen zu glauben, dass alles möglich sei. Dass Träume wahr werden können. Dass wir nicht nur ein gutes, sondern ein ultimatives Leben führen können, wenn wir uns nur genügend anstrengen und die richtigen Entscheidungen treffen. Aber genau damit tun wir uns so schwer: Entscheidungen treffen.

So geht es nicht nur mir. Ich sehe es bei Freunden und Zufallsbekanntschaften. Uns alle eint die Sorge, nicht dahin zu gelangen, wo wir uns in unserer Vorstellung sehen. Die Sorge, dass wir vielleicht die falschen Entscheidungen treffen. Wir wollen unsere Träume wahr werden lassen, haben aber nie gelernt, was zu tun ist, wenn das nicht klappen sollte.

Glaubt man Klaus Hurrelmann, dann war das nicht immer so. Klar, Ängste hatten die Menschen auch früher. »In Zeiten des Wohlstands aber von Existenzängsten geplagt zu werden, das ist neu«, sagt der Professor. Klaus Hurrelmann ist Jugendforscher. Wann immer im Fernsehen, in Zeitungen oder im Radio über die junge Generation gefachsimpelt wird, ist Hurrelmann als Experte zur Stelle und zerbricht sich den Kopf. Er betreut seit mehreren Jahren die Shell-Jugendstudie, die alle vier Jahre herauskommt. In diesen Analysen geht es um die 12- bis 25-Jährigen. Jene Altersgruppe, die man heute als Jugend zusammenfasst. Wobei das mit *der* Jugend gar nicht so einfach ist.

»Die Lebensphase Jugend dauert heute rund fünfzehn Jahre«, sagt Hurrelmann, »und damit so lange wie noch nie zuvor.« Eine genaue Definition, wann Jugend beginnt und wann sie endet, gibt es nicht. Seit dem Jahr 1800 hat sich der Beginn der Pubertät dramatisch nach vorne verschoben. Damals setzte die Pubertät etwa mit siebzehn ein. Heute schon oft vor dem zwölften Lebensjahr. Das hat viele Gründe, hängt aber mit der immer besser gewordenen Lebensqualität zusammen. »Für den Austritt aus der Jugend haben wir allerdings kein biologisches Kriterium«, sagt der Professor. Früher habe die Jugend mit einer sogenannten Adoleszenzkrise geendet. »Das heißt, wenn der

Selbstfindungsprozess und die körperliche Entwicklung beendet sind, man sich von den Eltern abgelöst hat und auf den eigenen Beinen steht. Wenn das alles geschehen ist, dann ist man aus der Lebensphase Jugend heraus«, sagt Hurrelmann. Würde man den Austritt aus der Jugend heute an Faktoren wie einem eigenen Arbeitsplatz und einer eigenen Familie festmachen wollen, so geriete man ins Schwimmen. Denn da herrsche heute alles andere als Eindeutigkeit. Die Jugend sei heute ein eigener Lebensabschnitt für sich.

Das war vor hundert Jahren, also zu der Zeit von Marie Bashkirtseff, noch nicht so. Damals gab es Kinder und Erwachsene. Jugend ist eine Erfindung der Moderne. Die Zeiten haben sich seither im Turbo-Boost geändert. Und eine Sache, die unsere Zeit definiert, macht uns ganz besonders zu schaffen: Es gibt keine Sicherheit mehr. Wir kriegen so viele befristete Arbeitsverträge wie keine Generation vor uns, wir haben den Lebensabschnittspartner erfunden und sind überzeugte Wechselwähler. Wer heute in die Welt blickt weiß: Nichts ist mehr sicher. In London gibt es Stadtteile, die sehen aus, als wäre man gerade in Mumbai. Auf der Arabischen Halbinsel gibt es Städte, die sehen aus, als wäre man gerade in den USA. Beim Burgergiganten McDonald's bekommt man inzwischen Kaffee und Kuchen, der Computerhersteller Apple produziert Telefone, am Kiosk kann man Pakete verschicken, Zeitungen berichten in Form von Videos, Fernsehserien sind die neuen Romane, der US-Präsident ist Hawaiianer mit kenianischem Migrationshintergrund, eine Frau aus dem Osten ist Bundeskanzlerin von Gesamtdeutschland, Berlin ist das neue New York. Es gibt einen Papst, der Homosexuelle und Atheisten ziemlich sympathisch findet. Es gibt männliche Feministen und Frauen, die Hausarbeit wieder gut und eine Frauenquote doof finden. Die arabische Welt entdeckt vielleicht die Demokratie, und in Europa schwärmen so manche für das chinesische Unterdrückermodell. Nein, es gibt keine Gewissheit mehr. Wo man auch hinsieht.

Die Welt hat sich in den letzten Jahrzehnten vom Kopf auf die Füße gestellt. Oder andersrum, von den Füßen auf den Kopf. Wir leben in einer Zeit, in der sich alles so schnell und stark verändert wie noch nie zuvor in der Menschheitsgeschichte. Der Wandel vollzieht sich zum Teil so rasant, dass wir gar nicht hinterher kommen, um uns den neuen Gegebenheiten anzupassen. Und warum sollten wir das überhaupt? Morgen könnte doch schon wieder alles ganz anders sein. Herkömmliche Grenzen verschwimmen. Neue Grenzen gibt es keine. Alles ist möglich. Alles steht uns zur Verfügung. Oder wie Julianne Moore in *Boogie Nights* ruft: »You can do everything, you can do everything!«

Das alles klingt nach einer platten Binse. Aber ist es das? Kommen wir wirklich so gut zurecht mit dem Dauerrauschen unserer Zeit? Ist das alles schon so selbstverständlich, dass es uns gar nicht mehr kitzelt? Niemand ist von den gegenwärtigen Veränderungen so massiv betroffen wie unsere Generation. Wir sind entwicklungsmäßig auf dem Niveau eines Kleinkindes, das gerade seine Umgebung neu entdeckt. Das Tempo, in dem der gesellschaftliche, technologische und kulturelle Wandel voranschreitet, macht uns Freude, weil die Welt, wie wir sie aus Sciencefiction-Filmen kennen, schneller Wirklichkeit wird, als wir dachten. Es ist doch verdammt cool, dass es den Tagespropheten aus der Harry-Potter-Welt in Form des iPads nun wirklich gibt. Zeitungsartikel mit beweglichen und verschiebbaren Bildern. Michael Knight konnte mit seinem K.I.T.T. noch über seine Uhr kommunizieren. Auch diese schlauen Uhren gibt es schon, sie heißen Smartwatches. Es ist nur eine Frage der Zeit, bis wir unser Auto damit fernsteuern können.

Dieser Fortschritt, so fantastisch er ist, bereitet uns aber auch Kopfzerbrechen, Unbehagen und Sorge. Ganz einfach aus dem Grund, weil es keinen Plan gibt für das Jetzt. Keinen Plan für die Zeit, in der wir leben. Wir können uns nicht mehr an unseren Eltern und Großeltern orientieren wie an einer Gebrauchsanweisung, um in der neuen Welt zu bestehen. Die Regeln haben sich seit Oma und Opa, seit Mama und Papa geändert. Ja, oft gibt es gar keine Regeln mehr.

Man muss das so sehen: Kein Mensch hat je schwimmen gelernt, indem er sich ins offene Meer wirft und drauflos strampelt. Niemand nimmt ein Musikinstrument zur Hand und beherrscht es auf Anhieb. Kinder lernen Sprache, indem sie nachahmen, was sie um sich herum hören. Imitation und Übung waren schon immer Formen, um sich an die Wirklichkeit anzupassen. Wonach sollen wir uns aber richten?

Unsere Generation wurde in eine Zeit geworfen, für die es keine Anleitung gibt. Es gibt nichts, was man nachahmen könnte. Die alten Pfade sind ausgetrampelt. Das Leben durch Copy & Paste zu vereinfachen funktioniert nicht mehr, weil sich die Welt beinahe täglich neu erfindet. Und das in einem Tempo, das uns manchmal schwindelig werden lässt. Und dieser Schwindel ist schon so normal, dass wir ihn kaum mehr registrieren. Wie der Seekranke, nachdem er sich dreimal ordentlich ausgekotzt hat. Die

Seekrankheit bleibt, nur scheint sie nicht mehr so virulent zu sein.

In Unterhaltungen merke ich immer wieder, dass jeder alles für selbstverständlich nimmt, ich inklusive. Und dass man gerne belächelt wird für in der Tat inhaltsleere Sätze wie: »Die Zeiten ändern sich« oder »Wir leben in einer schnelllebigen Zeit«. Das darf uns aber nicht davon abhalten, trotzdem genau hinzusehen. Unsere Großeltern erlebten teilweise noch die Ausläufer des Postkutschenzeitalters. Unsere Eltern hatten womöglich noch alte Nazis, die sich irgendwie aus dem Dritten Reich sanft rübergerettet hatten in die Bundesrepublik, als Lehrer in der Schule. Und wir? Wir stehen am Anfang einer digitalen Epoche, in der unzählige Daten und die weltweite Kommunikation wie in einer Matrix im Hintergrund dahinrattern. Man muss sich das vorstellen wie ein Tweetdeck, nur abermillionenfach schneller. Wir stehen auf der Schwelle zu einer zweiten Moderne, einer Nachmoderne, einer Postmoderne, oder wie auch immer man dieses neue Zeitalter nennen mag. Wir können unsere Alten nicht fragen, wie das geht. Wir können uns da nur gegenseitig durchhelfen.

Das hervorstechendste Merkmal dieser neuen Spanne lässt sich auf zwei Worte reduzieren: Anything goes! Alles geht! Wir haben heute alle Möglichkeiten zur Verfügung. Wir leben in der totalen Multioptionsgesellschaft.

Dabei muss ich immer wieder an eine Szene denken, die ich vor einigen Jahren beobachten konnte. Eine unspektakuläre Szene zwar. Aber eine, die in ihrer Skurrilität den Zeitgeist offenbart, wenn es so etwas wie einen Zeitgeist überhaupt gibt.

Während meines Studiums habe ich in einem Lokal gekellnert. Wir verkauften Bagels und Kaffee, Muffins und

Shakes. Es war eine schöne Zeit. Man trifft viele Leute und kommt schnell ins Gespräch. Man macht die Leute sofort glücklich, in dem man ihnen was Süßes oder Salziges vor die Nase stellt. Eine Szene von damals hat sich fest in meine Gehirnwindungen eingebrannt.

Das Geschäft lief immer am Vormittag besonders gut. Die Lauf- und Stammkundschaft bestand aus jungen Kreativen, geldstarken Managern, aus prekären Studenten und blassen Angestellten. Alle bekamen am Morgen schnell ihren heiß geliebten Coffee-to-go. An einem eher mauen Vormittag kamen in nur kurzem Abstand zwei Gäste in das Lokal, die den Zeitgeist in unfreiwilliger Komik zum Ausdruck brachten.

Zuerst betrat ein alter Mann den Laden, gestützt auf einen Gehstock. Er muss um die Achtzig gewesen sein. In seiner Begleitung war ein anderer Mann, ungefähr halb so alt. Kaum stand der wackelige Alte mit beiden Beinen fest im Laden, hatte er bereits alle Blicke auf sich vereint. Der Grund: Seine Finger waren mit gut einem Dutzend Silberringen geschmückt, manche hatten Totenschädel als Emblem. Er trug Converse Chucks, eine helle Bluejeans und eine Lederjacke. Alleine diese Aufmachung war bereits der Brüller. Doch zur Formvollendung trug der Alte noch ein Kleidungsstück, das alle meine bisherigen Vorstellungen vom Rentnerdasein sprengte: Er hatte ein AC/DC-Shirt an! Ein Bandshirt im Vintage- und Used-Look. Der Typ sah aus wie ein Rockstar. Ein pensionierter zwar, aber doch wie ein Rockstar. Aus irgendeinem Grund wirkte der Alte nicht lächerlich. Von seinem Begleiter ließ er sich eine Stunde lang irgendwelche Sachen auf einem MacBook zeigen, sie tranken beide schwarzen Kaffee.

Während der Alte also von seinem Begleiter etwas auf

einem Laptop gezeigt bekam, betrat eine junge Frau das Lokal. Sie kann nicht älter als Mitte zwanzig gewesen sein. Irgendetwas stimmte nicht an ihr. Es ist ja oft so, dass man im ersten Augenblick nicht sagen kann, was an einer Sache nicht stimmt, man muss einige Bruchteile von Sekunden warten, bis man den »Fehler« in einem Kontext erkennt. Aber dann war doch ziemlich schnell alles klar. Die junge Frau war von oben bis unten beige gekleidet, unter ihrem Regenmantel sah man durchfallfarbene Omaschuhe und graubraune Strümpfe hervorschimmern. Das straßenköterblonde Haar hatte sie zu einem Dutt hochgesteckt. Zur Krönung hing ein Regenschirm von ihrem ausgestreckten Unterarm herunter. Oder ein Sonnenschirm, ich weiß es nicht mehr. Alles in allem sah sie aus wie eine Reinkarnation von Mary Poppins.

Was für ein Bild: Ein Rentner in einer Art Endlife-Crisis versucht sich nochmals als junger Wilder, und eine Mittzwanzigerin wagt den optischen Senioren-Look, um sich selbst visuell zum Verschwinden zu bringen. Man kann aus diesem Einzelfall nicht induktiv eine Haltung auf die Allgemeinheit ummünzen. Schon klar. Dennoch sagt dieses Bild viel über unsere Gegenwart, in der feste Regeln, gesellschaftliche Normen und zwischenmenschliche Codes sukzessive verschwinden.

Ein Blick in die Zeitung (oder das Online-Portal, was immer man auch gerade bevorzugt oder zur Hand hat) reicht, um zu sehen, dass alleine zum Thema Geschlechter gar nichts mehr unmöglich ist. Im Frühjahr 2013 bringt in Berlin-Neukölln ein Mann ein Kind zur Welt. Ein als Frau geborener zwar, aber ein Mann. An den Universitäten heißt es, das biologische Geschlecht sei nur ein soziales Konstrukt. Man werde also nicht als Mann oder Frau geboren, sondern erst durch Erziehung zu Mann oder Frau gemacht. Im Berliner Bezirk Friedrichshain will die Piratenpartei Unisex-Toiletten in öffentlichen Gebäuden verordnen. An der Uni Leipzig sollen nun auch männliche Lehrkräfte in weiblicher Form angesprochen werden, nämlich mit »Herr Professorin«. Was für Menschen jenseits der Vierzig vollkommen irre klingt, stößt in unserer Generation nicht rundheraus auf Ablehnung, sondern oft auf wohlwollendes Verständnis. Was beweist, dass man tatsächlich über alles reden kann. Anything goes!

Für den Soziologen Bernhard Heinzlmaier kennzeichnen unsere Generation vor allem »Pragmatismus, Individualismus und kalkulierte Anpassungsbereitschaft«. Der gebürtige Wiener lebt seit mehreren Jahren in Hamburg und forscht über die Jugend. Neben Klaus Hurrelmann ist er auf diesem Gebiet die Kapazität schlechthin. Wir treffen uns, weil ich wissen will, wie ein Babyboomer über meine Generation denkt. Und weil ich bei Heinzlmaier davon ausgehen kann, dass er, genau wie Hurrelmann auch, aufgrund seiner Profession nicht wild mit Verurteilungen über »*die* Jugend« auf Stammtischniveau um sich wirft.

Heinzlmaier ist ein lässiger Typ. Jahrgang 1960. Die Schnelllebigkeit unserer Zeit macht auch ihm zu schaffen. Er habe es noch nicht einmal fertiggebracht, erzählt er, das neue Arcade-Fire-Album von vorne bis hinten durchzuhören. Dabei sei das doch so ein Genuss, eine Form der Rezeption, die noch dem Gesamtkunstwerk huldige. Aber es gelinge ihm nicht. Zu wenig Zeit, zu viel zu tun. Ein Forschungsprojekt hier, eine Dozentur da. Und eben erst vor unserem Treffen gab Heinzlmaier dem Radiosender FluxFM ein zweistündiges Interview zum Thema Jugend. Nun aber in medias res:

Ich: »Herr Heinzlmaier, wie tickt meine Generation?«
Heinzlmaier: »Es ist schwer, von einer Generation zu sprechen.«

Ich: »Okay, dann: Was eint uns junge Leute?«
Heinzlmaier: »Ich wüsste nicht, wodurch bei den Jungen der Zusammenhang gestiftet werden soll.«

Damit wäre eigentlich schon alles gesagt. Keine Generation da. Keine Gruppendynamik. Keine Scharniere, die den ganzen unübersichtlichen Haufen zusammenhalten. Aber dann holt Heinzlmaier doch noch aus: »Wovon sich diese Generation von denen davor unterscheidet, ist, dass diese Generation um einen Plan ringt, sie will unbedingt einen Plan haben. Nicht als solche, sondern jeder für sich.« Ich werfe ihm hin, dass Angehörige meiner Generation doch oft vollkommen planlos seien. Ja, sagt Heinzlmaier, dieses Phänomen habe er auch beobachtet. Aber gerade deswegen machen die Jungen ja ständig Pläne für alles. To-do-Listen, die es abzuarbeiten gilt.

»Die heute junge Generation«, sagt Heinzlmaier, »ist unspontan, will alles planen und voraussehen. In meiner Generation hat keiner so um Orientierung gerungen. Wir haben uns durch das Leben gleiten lassen, haben uns dem Leben ausgeliefert.« Und dann sagt er: »Es gab früher einfach mehr Freiräume.«

Schweigen.

Was er damit meint?

Heinzlmaier: »Die Jugend als Moratorium, als Raum zum Experimentieren, ist verloren gegangen.«

Man lasse sich nicht mehr treiben. Alles drehe sich um Erfolg, Image und Konsum, sagt er. Am Ende müsse immer ein Nutzen herausschauen. Für Heinzlmaier ist unsere Welt vollkommen durchökonomisiert, und die

Leidtragenden seien wir, die junge Generation, weil wir nichts anderes kennengelernt hätten. Mann oh Mann.

Für Bernhard Heinzlmaier ist an allem der Neoliberalismus schuld, eine aus den USA kommende politische Strömung, die nur Profit- und Nutzenmaximierung kennt. Mit Ronald Reagan in Amerika und Margaret Thatcher in Großbritannien hat der Neoliberalismus seit den achtziger Jahren seinen Siegeszug in die gesamte westliche Welt angetreten. Das Wort »neoliberal« hat für manche ein vulgäres Gschmäckle und wird auch gerne als Schimpfwort verwendet. Neoliberal = schlecht. Ich glaube das nicht. Der Neoliberalismus als Erklärungsmuster für unsere Generation gibt zwar schon was her. Er scheint aber nur eine Seite von gleich mehreren Medaillen zu sein. Klaus Hurrelmann meint zum Beispiel, der Neoliberalismus könne nur dort wirken, wo der Zeitgeist sowieso schon dafür empfänglich sei.

Ein anderes Erklärungsmuster, warum wir Maybes so wurden, wie wir sind, könnte weiter zurückliegen als der Neoliberalismus und hört auf den Namen »Achtundsechzig«, benannt nach dem Jahr, in dem die studentische Revolte ihren Höhepunkt erreicht hat. Unsere Eltern gehören entweder der 68er-Generation an oder waren zu jener Zeit Kinder. So oder so wurden sie von dieser Strömung beeinflusst, schließlich ist jeder Mensch auch ein Produkt seiner Umgebung.

Die 68er gelten als die Aufbrecher einer bis dahin öden und verkrusteten Gesellschaft. Sie wollten kiffen, Altnazis ärgern und freie Liebe machen (»Wer zweimal mit derselben pennt, gehört schon zum Establishment«). Oder man provozierte seine verstaubten Hochschullehrer (»Unter den Talaren der Muff von tausend Jahren«).

In einer bis heute legendären Szene aus dieser Zeit wurde der große Kulturtheoretiker und Philosoph Theodor W. Adorno »Opfer« einer Guerilla-Aktion. Adorno, mit fünfundsechzig schon in fortgeschrittenem Alter, will im April 1969 eine seiner Vorlesungen halten. Schon seit einigen Monaten kommt es, nicht nur in seinen Vorlesungen, immer wieder zu Zwischenfällen. Studenten schreien im Hörsaal einfach drauflos, um die honorigen und stocksteifen Professoren zu reizen. Weil Adorno keine Lust mehr hat, sich permanent mit den jungen Banausen und Störenfrieden abzugeben, eröffnet er am 22. April seine Vorlesung zur »Einführung in das dialektische Denken« mit den Worten: »Ich gebe Ihnen fünf Minuten Zeit. Entscheiden Sie, ob meine Vorlesung stattfinden soll oder nicht.« Nur kurz darauf wird Adorno von drei jungen Studentinnen bedrängt. In schwere Lederjacken gehüllt stürmen sie auf den Philosophen zu und entblößen sich. Sie wedeln dem großen Denker ihre blanken Busen entgegen. Ungefähr in der Weise, wie heute die ukrainische Protestbewegung Femen mit ihren Wutbusen für die feministische Sache kämpft, so waren es damals ein paar hemmungslose Mädchen an der Uni in Frankfurt, die gegen die vertrocknete Obrigkeit angingen.

Die 68er haben sich ohne Zweifel verdient gemacht und ein bisschen Jamaica-Feeling in das ernste und graue Nachkriegsdeutschland gebracht. Sie haben für Durchzug gesorgt, frischen Wind nicht nur in die Hörsäle, sondern in die Gesellschaft gebracht. Die 68er wurden bis nach der Jahrtausendwende verklärt. Dann begann die Aufarbeitung der Mythen um diese Generation, die so stark von den Werten der Studentenbewegung geprägt waren. Historiker wie Götz Aly und Wolfgang Kraushaar setzten sich

Mitte der nuller Jahre erstmals profund kritisch mit der 68er-Bewegung auseinander. Vielleicht hängt das auch damit zusammen, dass mit Gerhard Schröder als Bundeskanzler und Joschka Fischer zwei Exemplare aus jener Zeit nun zum ersten Mal an die Macht gekommen waren und Deutschland nach ihren Wertvorstellungen gestalten konnten. Linksliberal gesinnte Menschen finden die 68er bis heute gut, Konservative eher weniger. Jedenfalls haben die 68er das Land nachhaltig geprägt.

Mit den antiautoritären 68ern begann auch der Einzug der antiautoritären Erziehung in die Familien. Herkömmliche Erziehung wurde jetzt als undemokratisch und manipulativ angesehen. Kinder hätten eine Mitsprache bei ihrer Aufzucht. Und überhaupt: Wer sagt denn, dass es ganz und gar einer Erziehung bedarf! Kinder sollen sich frei entfalten können, von einer schüchternen Knospe zu einer strahlenden Blume werden. Und das möglichst ohne jegliches Zutun von Eltern, Lehrern oder sonst wem. Antiautoritäre Erziehung ist heute pädagogischer »State of the Art«. Meine Generation hat diese selbstverständliche Form des Großwerdens genossen wie keine zuvor. Überall und immer ging es locker zu. Keine Strenge, keine harten Hände, keine Spannungen.

Heute, im Jahr 2014, hat man oft den Eindruck, dass es überhaupt keine Erziehung mehr gibt, in keiner Form. Kinder und Eltern sind nun Partner wie bei einem Joint Venture, bei dem man versucht, gemeinsam den besten Weg für alle zu gehen. Wie das aussieht, wenn ein Kind keine Führung bekommt, kann man heute wunderbar in jeder Großstadt beobachten. Nicht selten sagen heute Kleinkinder ihren Eltern, wo es langgeht, und nicht umgekehrt. Gerade in sogenannten Szenevierteln wie etwa in

Berlin Kreuzkölln und Prenzlauer Berg ist man Zeuge, wie die Jugend von morgen auf das Leben vorbereitet wird.

Eisdiele im Sommer, 17 Uhr, Mutter, eine Endzwanzigerin, mit ihrem kleinen Prinzen, ungefähr drei Jahre, auf dem Arm, vor der Kühlvitrine.

Mutter zu Sohn: »Welches Eis willst du?«

Sohn schweigt, guckt auf die fünfundzwanzig Eissorten, seine Kulleraugen versuchen die vielen Farben an das Hirn weiterzuleiten, um diese Informationsflut zu verarbeiten.

Mutter zu Sohn: »Linus-Jonas, willst du vielleicht das Erdbeer-Minze-Pfeffer-Eis?«

Sohn guckt verdattert aus seiner schicken Retro-Wäsche.

Mutter zu Sohn: »Linus-Jonas, vielleicht das Weiße-Schokolade-Ingwer-Sorbet?«

Sohn weiß nicht, wie ihm geschieht, zeigt aber aus unerfindlichen Gründen auf das Kaffee-Eis.

Mutter zu Verkäuferin: »Bitte eine Kugel von der Sorte.« Sie zeigt ebenfalls auf das Kaffee-Eis.

Sohn kriegt seine Kugel, leckt daran und schleudert das Eis durch den ganzen Laden. Dabei winselt er in so schrägen Tönen, als hätte er gerade eine verstimmte Geige verschluckt.

Mutter, total entspannt, zu Sohn, Verkäuferin und den restlichen Kunden: »Es schmeckt ihm nicht. Oh nee, es schmeckt ihm nicht.«

Das Eis bleibt liegen.

Betretenes Schweigen.

Linus-Jonas brüllt, er trompetet jetzt.

Die Mutter lässt den Kleinen nochmal auswählen. LJ zeigt nun auf eine andere Eissorte. Rhabarber.

Doch Linus-Jonas stellt nach einmal lecken fest, dass auch dieses Eis ihm nicht schmeckt.

Die Mutter, besorgt um das Wohl des kleinen Schreihalses, ordert jetzt einfach eine Kugel Schokolade.

Und siehe da, der Kleine ist auf einmal ruhig, glücklich und zufrieden wie Buddha in seinen erleuchtetsten Tagen. Die Mutter muss anscheinend nur sagen, wo es langgeht, und alles wird gut.

Was ist die Moral von der Geschicht'? Wenn Kinder alles dürfen, verlieren sie die Orientierung. Das ist bei jungen Erwachsenen heute kaum anders. Es ist schön, wenn alles geht. Es macht uns aber auch alle Entscheidungen schwer. Die Mentalität des Anything goes hat viele Gesichter. Eines davon ist die Erziehung. Wir wurden glücklicherweise schon möglichst liberal aufgezogen. Heute kann von Erziehung keine Rede mehr sein. In einer Familie gibt es nicht mehr Eltern und Kinder, sondern nur noch gleichberechtigte Partner, die durch Trial and Error hoffen, ein Win-Win herzustellen. Antiautoritäre oder liberale Erziehung ist in der Tat alternativlos. Aber durch ein völliges Laisser-faire wird aus dem dreijährigen Linus-Jonas womöglich einmal ein Ultramaybe oder Hardcoremaybe. Oder der nächste Jesper Juul.

Für uns gilt das Motto: »Unterm Strich zähl ich.« Das ist der Spruch, mit dem seit Jahren die Postbank für sich wirbt. Man kommt kaum umhin, nicht über die Werbung der Postbank zu stolpern. Überall springt sie einem förmlich entgegen, in jeder Filiale, auch in den TV-Werbespots. »Unterm Strich« zerbröselt das Motto in zahlreiche Adjektive. Die Varianten lauten dann: abenteuerlICH, riesICH, einträglICH, großartICH, geschäfstüchtICH, frühzeitICH, und so weiter. Das Ganze ist zwar eine leidig mittelmäßige Reklame für ein Bankinstitut. Aber ganz beiläufig legt sie den Blick auf unsere Gesellschaft frei: unsere Egogesellschaft.

Ja, wir leben in einer Egogesellschaft. Wer das als moralinsauren Kulturpessimismus abtut, sollte zweimal überlegen. Die Egogesellschaft geht einher mit einem seit spätestens der Moderne aufkommenden Individualismus. Seine Befürworter entgegnen jedem kritischen Einwand: »Ja, soll denn alles wieder kollektiviert werden?« Damit habe man ja wohl schon genügend Erfahrung machen müssen, krakeelen sie.

Gerade in Deutschland ist man nach zwei Diktaturen – Nazideutschland und der DDR – allem gegenüber misstrauisch, was sich im Gleichschritt bewegt. Insbesondere nach dem Zweiten Weltkrieg hat sich hierzulande »ein gesellschaftlicher Individualisierungsschub von bislang unerkannter Reichweite und Dynamik« entwickelt, wie der Soziologe Ulrich Beck sagt. Individualisierung als logische Antwort auf den Stechschritt.

Der Individualismus an sich ist überhaupt nicht verwerflich, ist er doch eine Spielart des Liberalismus. Du kannst tun, was du willst, solange du dabei keinem anderen Leid zufügst (und mich damit in Frieden lässt). Der Umstand, dass wir keinem Staat, keiner Partei, keinem Zentralkomitee und keiner Kirche mehr willenlos hinterherrennen müssen, ist die größte Errungenschaft der Menschheitsgeschichte.

Aber man darf sich dennoch fragen, was Gemeinschaft im 21. Jahrhundert bedeutet, zumal unter den Twenty- und Thirtysomethings.

Gemeinschaft, das klingt erstmal piefig und angestaubt, nach Vereinsmeierei, Jugendzentrum, Sportklub, Kegelmannschaft oder sonntäglichem Kirchgang. Allein bei der

Vorstellung davon rollen sich den meisten von uns die Zehennägel auf. Es riecht nach Schimmel und Moder.

Unseren Gemeinsinn leben wir anders aus: gemeinsam shoppen, in den sozialen Netzwerken chatten, beim gemeinsamen Urlaub. Doch unser Gemeinsinn ist unverbindlich, er lässt sich im richtigen Moment abschalten, wenn es nötig ist. Wenn wir nicht wollen, können wir uns in unser Schneckenhaus zurückziehen und auf die Gemeinschaft verzichten. Wir sind nicht mehr auf unser Gegenüber angewiesen, wie das vielleicht noch unsere Eltern- geschweige denn unsere Großelterngeneration kannte. Meine Großmutter geht seit Jahrzehnten mehrmals täglich den Müll runterbringen in der Hoffnung, jemanden zu treffen, um ein bisschen zu plaudern. Wenn ich den Müll runterbringe, mache ich das so schnell wie möglich, um ja von niemandem angelabert zu werden. Wobei diese Gefahr für mich ja gar nicht besteht, in einer Generation, in der das wohlwollende gegenseitige Ignorieren vorherrscht. Dessen Vorzüge ich durchaus zu schätzen weiß.

Nein, der Individualismus an sich ist natürlich kein Problem. Aber er wird da zu einem, wo das Problemlösen den anderen überlassen wird und man sich Stück für Stück aus der Gesellschaft verabschiedet. Wer von außen auf unsere Generation schaut, sieht eine neue Biedermeierkultur heranwachsen. Mit anderen Worten: einen Rückzug ins Private. Das heißt nicht, dass plötzlich jeder nur noch zuhause vor seiner Dreiquadratmeterglotze hockt und sich ohne Ende die neuesten US-Serien reinzieht. Nein, der Rückzug ins Private heißt vielmehr: Mein Aufgabenbereich geht bis hierher und nicht weiter. Die eigene Selbstverpflichtung endet da, wo die Sorgen des anderen beginnen. Deswegen wählen wir auch keine Parteien mehr. Wir verstehen den ganzen Politzirkus zwar auf einer rein rational-logischen Ebene: Wir wählen unsere Volksvertreter, weil wir in einer indirekten Demokratie leben und die Abgeordneten dann stellvertretend für unser Wohl im Parlament die Entscheidungen treffen. Die Frage, die sich viele junge Erwachsene heute dennoch stellen, ist: Und was, bitte, hat das mit mir zu tun?

Es ist leicht, über uns zu lachen und den Kopf zu schütteln. Aber ist es nicht der logische Schluss, dass eine vom Wohlstand verwöhnte, von antiautoritärer Erziehung geprägte und im Individualismus geübte Jugend keinen Sinn darin erkennen kann, wozu man politisches Engagement aufbringen soll? Deswegen sind wir auch so brutal stoisch, wenn es um die Renten der Zukunft geht. Es betrifft uns ja noch nicht, warum dann viel Aufhebens darum machen.

Dafür können wir uns um so göttlicher darüber aufregen, wenn die Gattung der Juchtenkäfer durch einen Hauptbahnhof plötzlich zur bedrohten Tierart wird. Dann schlagen wir uns sofort auf die Seite des Getiers und rennen mit selbstgebastelten Tafeln durch Stuttgart gegen diese himmelschreiende Ungerechtigkeit an. Auf hilflose Tierchen können wir uns noch einigen. Auf Eisbären etwa, die dank Erderwärmung nun einsam auf Schollen durch die Arktis treiben. Wir finden es ungerecht, dass Affen keine Menschenrechte genießen, und finden PETA gut, weil die sich irgendwie für Tiere einsetzen. Darum werden auch immer mehr Junge zu Vegetariern, sei es aus ethischen, philosophischen, gesundheitlichen oder landwirtschaftlichen Gründen. Uns geht es ja schon gut, jetzt retten wir auch noch die Tierwelt.

Bezogen auf unseresgleichen, auf Menschen, finden wir

Wörter wie »Rücksicht«, »Mitgefühl« und »Fürsorge« fast schon antiquiert. Begriffe, die aus einer uralten Zeit stammen, in der es noch Frauenzimmer und Barone, Kammerzofen und Herzoge gab, eine SMS noch Telegramm hieß und man die Unterhose höchstens einmal in der Woche wechselte – von links auf rechts. Wenn es aber um Tiere geht, lassen wir mit uns reden. Dann kramen wir unsere emotionale Palette aus der Mottenkiste hervor und bewahren die Fauna vor der bösen Industrie, dem bösen Staat, den bösen Unternehmen. Wir sind inzwischen so sensibilisiert für Käfer und Panda, Thunfisch und Wal, Meise und Hund, dass uns die Solidarität unter uns Menschlein zweitrangig wird. Für die Tierchen bringen wir noch ein Fünkchen Empathie auf, für unsere eigene Spezies nur bedingt.

Für unsere Generation gilt in Anlehnung an einen Satz von Groucho Marx: Wir wollen keiner Gemeinschaft angehören, die uns als Angehörigen haben möchte. Wir sind so auf Ego getrimmt, dass uns vollkommen egal ist, wenn um uns herum die Welt zusammenbricht. Hauptsache, wir kriegen, was wir wollen. Unser Leben ist eine Party, den Müll sollen hinterher die anderen wegmachen.

Die Folge: Wir stehen unter einem enormen Leistungsdruck. Denn anders als vergangene Generationen verlassen wir uns nicht mehr auf den Staat als fürsorgliche Hand, die uns in harten Zeiten durchfüttert. Wir verlassen uns nicht einmal mehr auf unsere Mitmenschen. Vielleicht regen uns Meldungen über das Dahinschmelzen der Pole deswegen mehr auf als Meldungen über das Dahinschmelzen der Renten, weil wir innerlich schon längst wissen, dass wir sowieso nie eine Rente bekommen werden. Oder erst mit achtzig, dem möglichen zukünftigen Renteneintrittsalter.

Dank Individualismus wissen wir: Wir müssen uns selbst durchkämpfen. Am Ende hilft uns niemand aus der Patsche. »Every man for himself«, wie es schon bei Charles Dickens heißt. So traurig das klingen mag, so wahr empfinden wir es.

Eine Allensbach-Studie bringt Zahlen in das Gefühlswirrwarr der jungen Generation.

Danach haben nur 32 Prozent der 18- bis 29-Jährigen eine »klare Vorstellung, was richtig und was falsch ist«. Lediglich 28 Prozent dieser Altersgruppe finden es typisch, »dass man sich gegenseitig unterstützt«. Dennoch ist es für 75 Prozent von ihnen ganz besonders wichtig, »mit vielen Leuten in Kontakt zu stehen und sich auszutauschen«. 66 Prozent empfinden Freiheit als typisch für ihre Generation, und dass man »machen kann, was man will«. Für 62 Prozent ist es vor allem wichtig, »das Leben zu genießen«. 64 Prozent der Personen über 25 Jahre sehen Egoismus als typisch an, und dass in ihrer Generation »jeder vor allem an sich selbst denkt«.

Sagen wir mal so: Weil wir alles dürfen, wird alles beliebig. Und wenn sich Beliebigkeit breitmacht, ist die Sehnsucht nach einer Stütze, nach Halt und Orientierung nicht fern. Viele Prominente, etwa Schauspieler oder Künstler, die es in sehr kurzer Zeit zu mehreren Millionen an Vermögen gebracht haben, sagen, dass sie eine Routine brauchen. Die Routine ist bei ihnen meist ihre Arbeit. Die Rolling Stones gehen nicht mit siebzig Jahren noch auf Tournee, weil sie das Geld brauchen oder geldgeil sind (wie das der Kleinbürger so gerne unterstellt), sondern weil sie tatsächlich nicht wissen, was sie sonst mit ihrer Zeit anfangen sollen. Rumhängen ist nur begrenzt schön. Auch auf einer Luxusyacht oder im Edel-Loft. Oder kiffend, koksend, saufend auf drittklassigen Studentenpartys. Irgendwann überkommt einen gigantische Langeweile. Langeweile, wie sie schon Marie Bashkirtseff kannte. Dann hilft es nur noch, aktiv zu werden und etwas zu tun. Arbeit ist eben oft die beste Medizin gegen Wohlstandsverwahrlosung.

Wir leben in einem ständigen Teufelskreislauf und denken, dass das Interessante immer da ist, wo wir gerade nicht sind. Egal, mit wem man gerade zusammen ist – es könnte da draußen einen Menschen geben, der noch besser zu uns passt, noch interessanter ist. Einen Job, der noch attraktiver ist. Eine Lebensart, die weit mehr Glück verheißt. Das ist das Dilemma unserer Generation. Der Philosoph Friedrich Schlegel hat einmal festgestellt, dass das Interessante keinen Superlativ kennt. Es gibt immer etwas noch Interessanteres. Es gibt aber nicht das Interessanteste. Natürlich ist immer das Buch, das man gerade nicht liest, das interessantere; der Job, den man nicht hat; das Menü, das man nicht bestellt hat; der Mann oder die Frau, die unerreichbar für uns sind. Weil das alles noch ein Mysterium ist und sich noch nicht in aller Klarheit vor uns ausbreitet.

Wer sind wir? Hedonisten oder Minimalisten? Egoisten oder freiheitsliebende Individualisten? Ichbesoffene Feierbiester, zwischenmenschliche Analphabeten oder handzahme Pragmatiker?

Wahrscheinlich von allem etwas. Mal mehr, mal weniger.

Vor allem aber wissen wir nicht so richtig, wo es langgeht.

Es heißt, der Weg sei das Ziel.

Quatsch.

Weg ist das Ziel!

Weg aus dieser wabbeligen Unentschlossenheit.

Wenn alles geht, dann auch das.

ICH POSTE, ALSO BIN ICH

»Facebook is really about communicating and telling stories.«
— Mark Zuckerberg
»Facebook ist Scheißdreck.«
— Günter Grass

Zu jedem gelungenen London-Trip gehören einige Programmpunkte, die man auf gar keinen Fall auslassen sollte. Eine Shopping-Tour auf dem Camden Market, einen Scots Guard vor dem Buckingham Palace zum Lachen bringen, wenn möglich auf ein Openair-Konzert im Hyde Park gehen, und natürlich in der Abbey Road das Plattencover des gleichnamigen Beatles-Albums nachstellen. Vor allem aber sollte man den einen Ort aufsuchen, für den die englische Hauptstadt in der ganzen Welt beneidet, belächelt und auch bewundert wird: die Speakers' Corner am Nordostende des Hyde Parks und in unmittelbarer Nähe zum Marble Arch. Hier können alle Bürger ihre Anliegen vortragen. Mit teilweise obskuren Redebeiträgen findet hier wirklich jeder seine Zuhörer. Mal geht es um Scientology, mal um eine geheime Weltregierung. Die einen bieten Unterhaltung, die anderen beschweren sich, dass die Welt früher viel besser war als heute.

Entgegen einem weit verbreiteten Irrglauben kann man an der Speakers' Corner jedoch nicht alles sagen. Auch dort gibt es Grenzen. Zum Beispiel Majestätsbeleidigung.

Wer Kritik am Königshaus oder an der Queen übt, kann schon mal vom Platz fliegen. Doch die meist anwesenden Polizisten schreiten nur in den seltensten Fällen ein und lassen auch den noch so kaputtesten Typen ihren Spaß an ihren fünfzehn Minuten Ruhm. In Zeiten, in denen Rede- und Meinungsfreiheit per Verfassung garantiert sind, dient ein Ort wie die Speakers' Corner eher der Show und gutem Entertainment denn politischen Debatten. Es ist ein Ort für Exhibitionisten und Voyeure. Die einen lüften den Rock, die anderen gaffen bereitwillig drunter.

Seit es soziale Netzwerke gibt, sind wir Entblößer und Spanner im Dauermodus. Wir googeln unsere Mitmenschen, studieren das Facebook-Profil von unserem Nachbarn und lesen womöglich die peinlichen Tweets der eigenen Eltern. Umgekehrt breiten wir alle möglichen Details über unser privates Leben aus. Kein orwellscher großer Bruder hat uns unter Zwang in gläserne Bürger verwandelt, wir haben diesen Schritt freiwillig vollzogen. Einerseits gibt es heute keine Garantie für Privatsphäre mehr. Andererseits tun wir alles dafür, uns Gehör und Aufmerksamkeit zu verschaffen, damit die anderen endlich unseren inneren Superhelden wahrnehmen.

Wir alle haben den Drang, uns mitzuteilen. Wir alle wollen gehört und verstanden werden. Das war schon bei den Neandertalern in der Steinzeit so. Oder am königlichen Hof. Der König will von seinem Volk verehrt werden, die Königin von ihrem König, und selbst der Hofnarr wünscht sich, zumindest für einen kurzen Augenblick, einmal ernst genommen zu werden (oder mit der Königin eine schnelle und schweißtreibende Nummer hinzulegen wie in Woody Allens Aufklärungssatire *Was Sie schon immer über Sex wissen wollten*, aber das nur am Rande).

Wie man es dreht und wendet: Am Ende wollen Menschen immer geliebt werden. Wir erzeugen Aufmerksamkeit, um Anerkennung einzufahren. Schlaue Menschen von Abraham Maslow bis Erving Goffman haben darüber wichtige Bücher geschrieben.

Heute sind wir ständig dabei, Lob, Respekt und Aufmerksamkeit für uns zu reklamieren. Auf Instagram und allen anderen sozialen Netzwerken wollen wir dafür gebauchpinselt werden, wie toll wir kochen können, wenn wir Fotos von unserem Essen online stellen. Wir wollen Lob für unsere kluge politische Einschätzung. Wir wollen Applaus für das neue Projekt, das wir im Beruf umsetzen. Wir wollen Streicheleinheiten für unser tolles Outfit. Außerdem wollen wir stets besser, schlauer, witziger sein als die anderen. Der Lohn lässt sich auf Facebook einfach bemessen: ein Like. In den römischen Amphitheatern hat noch der Kaiser den Daumen gehoben oder gesenkt, heute reicht ein Facebook-Account, um über andere zu urteilen. Das Motto lautet nicht mehr: Brot und Spiele, sondern: liken und geliked werden. Ein ununterbrochener sozialer Wettbewerb.

Wie in dieser Werbung, die wir immer gesehen haben, als wir noch klein waren. Wo sich diese zwei Alpha-Typen, Schober und Schröder, nach Jahren in einem gut besuchten Restaurant wieder über den Weg laufen. Auf die Frage, wie es denn so gehe, brüllt Schröder, es gehe ihm blendend. Er greift in die Tasche seines Jacketts und knallt drei Fotos auf den Tisch: »Mein Haus, mein Auto, mein Boot.« Schober, völlig unbeeindruckt, holt zum Gegenschlag aus und zieht seine eigenen Fotos hervor: »*Mein* Haus, *mein* Auto, *mein* Boot.« Und legt noch eins drauf: »Meine Dusche (ein Springbrunnen), meine Badewanne (ein Swimmingpool) und mein Schaukelpferdchen (ein ganz und gar lebendiges Schaukelpferdchen).« Während Schröder nur noch dämlich aus der Wäsche guckt, ertönt ein Jingle mit einer 08/15-Melodie; und eine Frauenstimme haucht melodisch: »Wenn's um Geld geht, Sparkasse.«

Ein wahrhaft prophetischer Werbespot. Viel zu überzeichnet für die Zeit, in der er täglich im Fernsehen zu sehen war, damals in den Neunzigern. Eine Metapher für Angeberei, Arroganz und Affektiertheit unter Wohlhabenden. Kein Mensch hätte je wirklich mit seinen Habseligkeiten so rumgeprahlt wie in diesem Clip, der mehr Karikatur als Reklame war. Im Jahr 2014 ist die Fiktion von einst Realität geworden. Wenn auch in einer Form, die wir damals noch nicht vorhersehen konnten. Mit dem Einbruch des Web 2.0 und den sozialen Netzwerken war es nun allen möglich, sich ungeniert zu produzieren. Der feuchte Traum der Neunziger war zwar ausgeträumt. Aber immerhin gab es nun mit Facebook und Konsorten eine Auslage, in der wir unser Haus, unser Auto, unser Boot präsentieren konnten.

Auf Facebook läuft jener Sparkassen-Werbespot als Dauerschleife. Es geht um Party, Urlaub, Erfolg. Ich zeige dir, was ich habe, was ich kann, wo ich überall bin. Da postet der Abteilungsleiter ein Foto von seiner frisch erworbenen Flasche Baron Rothschild, womit er nicht nur Geschmack, sondern auch seine Finanzkraft unter Beweis stellt. Der Student lädt Bilder hoch von Barcelona, Irland und der französischen Atlantikküste. Die neuen Eltern sind von ihrem süßen Nachwuchs besessen und stellen gleich ganze Bilderserien vom Familienglück online. Junge Frauen zeigen nackte Haut, junge Männer ihre neuesten Gadgets. Das Motiv dahinter ist immer dasselbe: mein

Haus, mein Auto, mein Boot. Mir reicht das persönliche Glück nicht, ich muss es auch meinem Netzwerk präsentieren.

Und natürlich postet man – last but not least – sich selbst. Fotos, die man mit dem iPhone in Armlänge von sich geschossen hat. Selfies heißen diese Mini-Ego-Porträts. Viele haben sie zu Hunderten auf ihren Social-Media-Accounts herumliegen. Die Siegertypen immer am Lachen oder bei einer obskuren Sportart, die Frauen fotografieren merkwürdigerweise mit Vorliebe ihre Beine oder Füße. Die bildungsferne Jugend präsentiert sich gerne mit Duckface, die aufgeklärte Jugend auch, allerdings ironisch gebrochen.

Man könnte meinen, je höher die Bildung, desto weniger nerven unsere Mitmenschen auf Facebook. Doch jeder, der dort einen Account hat, weiß, dass dem nicht so ist. Es sind die gleichen Beweggründe, nur ein wenig verschleiert. *Devil in Disguise* sozusagen. Zeigt das Dummvolk seinen äußeren Besitz, sind es bei den höheren Bildungsständen die inneren Reichtümer: eine politische Meinung, ein poetisches Bonmot, ein vifer Aphorismus, ein ästhetisches Geschmacksurteil über Film, Buch oder Musik. Ein endloses Dahinplappern von mal Schlauem, mal Seichtem und oft Unnötigem. Das ist alles nicht per se schlecht, wie überall macht die Dosis das Gift.

Als Kind war es nur natürlich, die Aufmerksamkeit unserer Eltern einzufordern oder gar nervtötend zu erzwingen, wenn wir wieder einmal irgendein Kunststück vorführen wollten. Papa, guck, was ich kann. Mama, hast du das schon gesehen? Und dann folgte der Purzelbaum, die Zeichnung, die Tanzeinlage, die private Mini-Playback-Show. Papa hat geklatscht, Mama hat gesagt: »Was du alles kannst!« Und dann zog man sich wieder beruhigt in seinen Fuchsbau zurück, in sein Kinderzimmer, und heckte neue Pläne und Methoden aus, um die Eltern oder Gäste zu beeindrucken.

Diesen kindlichen Modus kriegen wir nicht aus dem Gefieder. Wir wollen immerzu beeindrucken, teilen, kommunizieren. Auf Facebook und in anderen Schauräumen des Webs regiert der Neid. Jeder produziert Neid, jeder empfindet Neid – niemand ist davon ausgeschlossen. Neid kann zugleich sowohl eine zerstörerische Wirkung entfalten als auch eine Triebkraft sein. Der springende Punkt ist nicht der Neid an sich, sondern das Ausmaß. Durch die Zurschaustellung unserer inneren und äußeren Werte sind wir im einen Moment neidisch auf den Überfliegertypen, der zwischen Los Angeles, Berlin und den schönsten Stränden der Welt pendelt. Wir sehen aber auch, dass andere es vielleicht nicht so gut haben wie man selbst. Wir sind hin- und hergerissen, zwischen himmelhoch jauchzend zu Tode betrübt, wie es bei Goethe heißt. Wir sind gefangen in einer Art von Borderline-Kultur. Mit dem Öffnen von Facebook, Twitter, Tumblr, StudiVZ und all deren lebendigen und toten digitalen Familienmitgliedern setzen wir uns einer emotionalen Achterbahnfahrt aus. Das eine Mal ein »Joyride«, dann wieder der »Highway to Hell«. Schamgrenzen fallen, der uns Menschen innewohnende Mitteilungsdrang findet mit den sozialen Netzwerken endlich einen Kanal.

Likes sind zur Währung unserer Aufmerksamkeitsökonomie geworden. Wer nicht mitspielt, darf gerne draußen bleiben. Kein Mensch muss sich heute im Internet rumtreiben und seine Spuren hinterlassen. Jeder darf verweigern. Aber das wirkt dann auch wieder ein wenig komisch.

Wie einer, der keinen Alkohol trinkt, Filme aus dem Fernsehen noch auf VHS-Kassette aufnimmt oder sich von der alten Rechtschreibung nicht lösen kann.

Wer sich früher in der Welt zurechtfinden wollte, brauchte einen Kompass. Heute haben wir dafür Smartphones. Es ist der gleiche Vorgang, nur auf einer höheren, komplexeren Ebene. (Alle, die es old school mögen, können sich auch einen herkömmlichen Kompass als App auf ihr Smartphone laden.) Das Smartphone ist nicht nur unser Navigationsgerät geworden, sondern Kommandozentrale, Funkgerät, Logbuch und etliches mehr. Ein Leben ohne Smartphone ist genausowenig mehr vorstellbar wie ein Leben ohne Internet.

Wir sind immer online. Am Arbeitsplatz, zuhause und unterwegs. Das wirkt sich nicht nur sozial und gesellschaftlich auf uns aus. Auch gesundheitlich. Einer Studie zufolge wurden im Jahr 2010 in den USA rund 1500 Handynutzer mit Gehirnerschütterungen oder Brüchen in Notfallaufnahmen behandelt. Der Grund: Beim Tippen auf iPhone und Co liefen sie gegen Laternenpfähle und andere Hindernisse. Die Mehrheit der Verletzten war unter fünfundzwanzig Jahre alt.

Und wer kennt sie nicht, die Heavyuser. Die immerzu den Kopf senken und, teilweise gebannt, teilweise gelangweilt, auf ihr Smartphone starren. Es gibt bereits ein Wort dafür, wenn Menschen in sozialen Situationen ihr Smartphone bevorzugen und ihre Umwelt vernachlässigen: phubbing. Eine Wortneuschöpfung aus den englischen Begriffen phone (Telefon) und snubbing (gleichgültig abweisen). Es gibt sogar schon »Bewegungen«, die gegen dieses Phänomen ankämpfen.

Ich war einmal begeistert von Facebook, Smartphones

und Social Media. Nach meinem Umzug von Wien nach Berlin konnte ich so völlig unproblematisch mit meinen Freunden in Kontakt bleiben. Keine teuren Anrufe waren mehr nötig, ein kleiner Kommentar unter einem Post reichte, um sich in Erinnerung zu rufen. Aber natürlich ist Facebook kein Sammelbecken für Freunde. Auf unseren Profilen steht, wir hätten 100, 300, 500 oder sogar 1000 Freunde. Aber so viele Freunde kann niemand haben, so viele Bekannte kann niemand kennen, das wissen wir.

Mein persönliches Erweckungserlebnis in Sachen soziale Netzwerke hatte ich im Sommer 2006. Ich saß mit einer Freundin in einem Café am Volksgarten in Wien. Im Laufe unseres Gesprächs begann Hanna von diesem neuen Hype zu reden, dem letzten Schrei in Sachen Internet. Es sei echt lustig, was da alles passiere, was die Leute so schrieben, ich müsse mich da unbedingt auch anmelden, meinte sie. Zuhause angekommen habe ich sofort meinen Computer angeschmissen und bin rein ins weltweite Internet (das erste iPhone kam erst ein Jahr später auf den Markt) und rief die Seite auf, von der Hanna mir erzählt hatte: StudiVZ. Ich legte mir einen Account zu, loggte mich ein und erstellte ein eigenes Profil. Dann sah ich auf einmal diese digitale Parallelgesellschaft vor mir. So viele Menschen, die ich aus dem Real Life kannte, waren da drin, und ich hatte das alles bisher nicht mitbekommen. Die Leute posteten sich hier gegenseitig um den Verstand: was sie in der Vorlesung erlebt haben, wie doof der Vorgesetzte sei, dass die Eltern schon wieder nerven. Man konnte auch lustigen Gruppen beitreten. Die Liste ist endlos, aber hier ein paar der beliebtesten:

- »Vegetarier essen meinem Essen das Essen weg«,
- »Ich glüh' härter vor, als du Party machst«,

- »Wer ist eigentlich dieser LAN und warum macht er so viele Partys«,
- »Alkohol ist keine Lösung, Alkohol ist ein Destillat«,
- »Halb betrunken ist weggeschmissenes Geld«,
- »Wir sind die, vor denen uns unsere Eltern immer gewarnt haben«,
- »Woher soll ich wissen, was ich denke, bevor ich höre, was ich sage«,
- »Nein, ich habe keinen Besuch: *Das sind alles meine Schuhe*!!!!«,
- »Männer werden 7. Danach wachsen sie nur noch!«,
- »Ich könnte schwören, dass gerade ein Schokokeks nach mir gerufen hat«,
- »Ich hab kein ADS – es ist nur… hey! Kuck mal! Ein Eichhörnchen!«,
- »Es glitzert… es ist sinnlos… *Ich will es*!!!«,
- »Frauen studieren nicht, Frauen malen aus und unterstreichen bunt«,
- »Brauche Balkon, um zum Volk zu sprechen«,
- »Eine Raucherzone im Restaurant ist wie ein Pissbereich im Pool«,
- »Niveau sieht nur von unten aus wie Arroganz«.

Wir verbrachten also einen Gutteil unseres Studiums damit, Gruppen wie diesen beizutreten, selbst welche zu gründen oder uns zumindest darüber zu amüsieren.
ROFL!
Neben den Gruppen gab es noch eine andere Beschäftigung, der man nachgehen konnte. Man konnte andere StudiVZ-Bewohner »gruscheln«, also das, was man bei Facebook »anstupsen« nennt. »Gruscheln« kommt nicht von gruseln, obwohl man das denken könnte. »Gruscheln«

ist eine Mischung aus Grüßen und Kuscheln. Egal wer einen gegruschelt hat, entweder war es nervig oder merkwürdig.

Als ich mir das also alles zum ersten Mal ansah, war ich baff: Wie, man kann da Sachen von sich reinschreiben, und alle können es sehen? Wen interessiert das denn? Wer, bitte, braucht das jetzt? Mein spontaner Reflex war krasse Abwehr: Davon geht die abendländische Welt unter. So ist das mit mir: Bei jeder technischen Innovation tobt zuallererst mein innerer Oswald Spengler. Ich kann nichts dagegen tun. Alle Versuche, das zu ändern, wären sinnlos. Als Twitter kam, stellte sich natürlich die Frage, warum die ganze Welt meine Kurznachrichten lesen soll. Bei Instagram raunte es nicht nur in mir: Was soll das, das ist ja wie Facebook, nur ohne Text?

Und doch haben wir uns immer mit voller Begeisterung hineingestürzt in das neue digitale Abenteuer. Bei mir ist das eine Art Konträrfaszination: Ich tue es, obwohl es mich leicht anwidert. Oder vielleicht gerade deshalb. So wie man bei RTL2 oder einem Autounfall hängenbleibt und glotzt, weil die Neugier über den Verstand siegt.

WTF!?

Wir können unser ganzes Leben chronologisieren: Fotos auf Instagram, Gedankenfetzen auf Twitter, Ereignisse auf Facebook, gehörte Lieder auf Last.fm, gelesene Bücher auf Booklikes, besuchte Orte auf Foursquare, Karriere auf Xing, und so weiter und so fort. Das Internet mit all seinen Spielereien ist unser Tagebuch, in das wir alle anderen reinschauen lassen. Nur, dass darin keine Misserfolge, keine Niederlagen, keine Hänseleien, keine Fehler, keine Demütigungen, keine Erniedrigungen, keine Katastrophen vorkommen. (Nun, manchmal gibt es sie doch, die dunklen Augenblicke, aber dazu etwas später.

Ich will die gute Stimmung noch für einen Moment bewahren.)

Es gibt auf Facebook die unterschiedlichsten Typen. Da gibt es das Groupie, das ständig Fotos mit irgendwelchen C-Promis postet. Den Quatschkopf, der zu allem und jedem eine Meinung hat, vor allem dann, wenn er keine Ahnung hat. Da sind die Aphorismus-Schleudern, die Sätze im Lagerfeld-Schopenhauer-Takt raushauen, aber selten das Niveau eines Oscar Wilde erreichen. Es gibt die Erleuchteten, die ihre Kalenderspruchweisheiten zur allgemeinen Erbauung verbreiten, ohne einen Funken Ironie. Da sind auch die Babybilderverbreiter, die Tierbilderverbreiter und die Fremdschämbilderverbreiter. Jeder hat so seine eigene Herangehensweise beim Bedienen des eigenen Sozialkanals. Jedem seinen Fetisch.

Unsere netzaffine Generation steht vor Apple-Stores, um sich das neue iPhone unter den Nagel zu reißen. Für den Publizisten Fritz J. Raddatz haben wir uns zu »Sklaven der Technik, Opfern des Schnickschnacks« gemacht. Gut, Raddatz ist 82 Jahre alt. Mit jedem Tag verbreitet er ein wenig mehr Grabesstimmung. Raddatz schleudert uns seine Extrememeinung entgegen, die – wer würde es abstreiten wollen – einen wahren Kern hat. Aber das von jemandem gesagt zu bekommen, der vermutlich ein Hashtag nicht von einem Haschtag zu unterscheiden vermag, spricht wiederum für sich selbst. Genauso wie Günter Grass, der Facebook hochoffiziell zum »Scheißdreck« erklärt hat.

Aber in jeder noch so absurden Kritik steckt ein wahrer Kern, sonst hätte die Kritik gar nicht erst formuliert werden können. Facebook, Twitter, Smartphone und andere Instantmedien haben eine Kultur der Dauerzerstreuung hervorgebracht. Wir können uns kaum noch einer Sache ohne Unterbrechung widmen. Es gibt ja auch so viele Ablenkungen. Virtuell einkaufsbummeln auf Amazon, Schuhe bestellen auf Zalando, die neueste Folge unserer Lieblingsserie streamen, dann wieder mal kurz auf *Spiegel Online* vorbeischneien, E-Mails checken und dann wieder alles von vorne.

Inzwischen hat Facebook wohl seinen Zenit überschritten. Ich kann mich natürlich auch gewaltig irren. Aber ich sehe eine gewisse Social-Media-Müdigkeit bei mir und meinen »Freunden«. Immer mehr verabschieden sich aus den sozialen Netzwerken, weil es zuviel Zeit, Nerven und Lebensfreude raubt. Wer heute noch auf Facebook unterwegs ist, tut es passiv mitlesend oder aus beruflichen Gründen. Blogger nutzen es als Link-Schleuder für ihre Texte, Firmen zur Imagepflege, Künstler verschicken Einladungen zur Ausstellungseröffnung. Für unsere Nachfolgegeneration ist Facebook sowieso antiker Trödel. Die 13-jährige Ruby Karb hat in einem beachteten Blogbeitrag im August 2013 geschrieben, warum Facebook für ihre Generation nicht mehr attraktiv ist. Dort tummelten sich nur ihre Oma, Tante und Mutter herum. Ihresgleichen, also die jungen Teens, nutzen ganz andere Medien zur Kommunikation: Instagram, Snapchat oder das Sechs-Sekunden-Medium Vine.

Auch der Journalist Christoph Scheuermann vom *Spiegel* kann Facebook nichts mehr abgewinnen. In einem Essay sinniert er über seine persönliche Leidensgeschichte. »Mein erster Facebookeintrag wird bald sechs Jahre alt«, schreibt Scheuermann, »so lange verbrenne ich also meine Freizeit schon mit Leuten, von denen ich die meisten gar nicht richtig kenne.«

Seine Zeit hätte er auch besser nutzen können, gesteht Scheuermann. Mit langen Spaziergängen oder *Sopranos*-Schauen. Nur hätte man das damals noch nicht gewusst. Am Anfang war nicht absehbar, »wie bedeutend diese Website für unseren Alltag werden und wie tief Mark Zuckerberg in unsere Köpfe kriechen würde«.

Scheuermann schreibt weiter: »Facebook wollte die Bindung zwischen Menschen im digitalen Universum weiterführen. Inzwischen geben die meisten dort nichts mehr von sich preis, ihre Einträge lesen sich wie Meldungen eines außer Kontrolle geratenen Livetickers: ›Träumte, ich war in San Francisco letzte Nacht.‹ – ›Beachparty.‹ – ›Sonne & Home Office.‹ – ›Rügen-Nord.‹«

Er kommt zu dem Schluss: »Wäre Facebook eine Party, dann wäre es jetzt drei Uhr morgens, und die interessanten Gäste hätten sich verabschiedet. Zurück bleiben diejenigen, die heimlich hoffen, dass sie doch noch jemanden zum Knutschen finden, was auch unterhaltsam sein kann, aus Beobachterperspektive.« Der Trend zeigt also eindeutig weg von Facebook, wo sich nur noch die Partyleichen stapeln. An dessen Stelle treten nun andere, zeitgemäßere Dienste.

Wie es gehen kann, zeigt eine andere Branche. Es heißt, das Bluray-Format habe sich gegenüber dem HD-DVD-Format Mitte der nuller Jahre nur aus dem Grund durchgesetzt, weil die Pornobranche bereits frühzeitig auf Bluray gesetzt habe. Eine ganze Industrie verdiente daran kräftig mit: Elektronikhersteller, die Filmindustrie, Online-Versandhändler. Bluray ist heute und bis auf weiteres der Goldstandard unter den Trägermedien von Filmen. Porno als Trendsetter also.

Wie einst die DVD dank Porno von der Bluray abgelöst

wurde – das könnte nun auch in den sozialen Netzwerken passieren. Facebook existiert seit nunmehr zehn Jahren. 2004 veröffentlichte Mark Zuckerberg sein soziales Netzwerk. Anfangs eine Art Jahrbuch eines College-Campus, wuchs sich Facebook in ungeahnte Dimensionen aus und hat inzwischen über eine Milliarde Nutzer weltweit. Doch spätestens seit dem Gang an die Börse im Mai 2012 will Facebook nicht mehr so recht wachsen. Schon wenig später verlor die Aktie ein Drittel ihres Wertes. Im August, also drei Monate nach Börsengang, war der Aktienwert bereits halbiert.

Fast genau ein Jahr nach dem Börsengang von Facebook kauft der Internetriese Yahoo die Blog-Plattform Tumblr für die Wahnsinnssumme von einer Milliarde Dollar. Hinter dem Deal steckt Marissa Mayer, moderne Frauen- und Businessikone, die schon Google zu dem Status verhalf, den es heute hat. Tumblr also das neue Facebook?

Der Erfolg von Tumblr hat mehrere Gründe. Einer ist, dass Facebook möglicherweise kein Wachstum mehr verspricht und für Investoren nicht mehr interessant genug ist. Ein anderer Grund: Die Jugend hat kein Interesse, online dort unterwegs zu sein, wo sich inzwischen Eltern, Lehrer und sonst bloß Nerds herumtreiben. Tumblr ist im Gegensatz zu Facebook noch nicht so verbreitet, das macht seinen (noch) wilden Charme aus. Und: Tumblr liebt Porno.

Einer Studie des Analysedienstes SimilarWeb zufolge stehen auf mehr als einem Zehntel der 200 000 meistbesuchten Tumblr-Unterseiten pornografische Inhalte. Das unterscheidet Tumblr neben anderen Punkten radikal vom prüden Facebook. Denn auf Facebook wird jeder nackte Busen, jedes Schamhaar sofort zensiert. Neben bloßen

Brüsten und Pimmeln stehen sonst nur noch Haken-kreuze, Rassismus und Volksverhetzung auf dem Index.

Social Media ist nicht einfach nur ein Phänomen, eine Zeiterscheinung. Es gehört zum Leben dazu wie Essen, Wohnen, Arbeiten, Durchfall und guter Sex. Nur dass Social Media IMHO leider oft mehr mit Durchfall zu tun hat als mit gutem Sex.

Vor Kurzem habe ich auf Facebook zwei Meldungen gelesen, die mich verstört haben. Beide habe ich nur wahr-genommen, weil Freunde von mir diese kommentiert hat-ten. In dem einen Fall schreibt ein Bernhard T.: »Vielleicht ändert sich ja was, wenn ich mich umbringe?« Ich war geschockt. OMG!

In den Kommentaren darunter versuchten Hunderte Menschen Bernhard T. davon abzubringen, Suizid zu begehen. Auf sehr ehrliche, mitfühlende und menschliche Weise.

Ein anderes Mal postet jemand, er sei gerade im Kran-kenhaus gewesen und habe eine Krebsdiagnose bekom-men. Unheilbar. »Wie soll ich das den Kindern sagen?« Sein Profil- und Titelbild waren jetzt schwarz. Ich war sprachlos. Wut und Anteilnahme wechselten sich bei mir ab. Ich war wütend, weil ich nicht verstehen kann, wie man solche allerintimsten Sachen einer breiten Öffentlichkeit mitteilen kann. Das lesen auch Menschen, die denjenigen gar nicht persönlich kennen. Gleichzeitig hatte ich, obwohl ich den Mann nicht kannte, tiefstes Mitgefühl mit ihm und seiner Familie und hätte am liebsten eine Runde geheult. Aber das bringt ja auch niemanden weiter. Jedenfalls konnte ich an besagtem Tag keinen geraden Gedanken mehr fassen.

Die Frage, was und warum man überhaupt postet und

twittert, hat sich auch Christopher Lauer gestellt. In einem Aufsatz für die *FAZ* hat der Piratenpolitiker seinen Ausstieg von Twitter verkündet. Er habe über 22 500 Follower, aber per Analyse festgestellt, dass nur ein Bruchteil jener Follower seinen Links auch tatsächlich folgt. Dafür sei ihm der Aufwand dann doch zu groß. Lauer hat ausgerechnet, seit Mitte 2009 rund »166 Acht-Stunden-Arbeitstage« nur mit twittern verbracht zu haben. Das koste ihn Zeit und Nerven.

Klar, Lauer ist Politiker, muss daher alle ihm zur Verfügung stehenden Kanäle nutzen, um seine Message unters Volk zu bringen. Aber irgendwann lohnte der investierte Schweiß einfach nicht mehr. Twittern, das ist in Zukunft wahrscheinlich ein Aufgabenfeld, das Sekretäre und Sekretärinnen übernehmen, aber nicht die Politiker selber machen.

Christopher Lauers Ausstieg von Twitter war deswegen brisant, weil er der »Internetpartei« angehört. Als Pirat das Twittern aufzugeben ist ungefähr so, als würde ein Grüner aufhören, den Müll zu trennen, ein Sozialdemokrat seine Mitarbeiter unter Tarif bezahlen oder ein rechter Sack die Vorzüge der Einwanderung südosteuropäischer Facharbeiter preisen. Lauer musste dafür viel Hohn und Spott von allen möglichen selbsternannten »Internetexperten« einstecken.

In seinem kritischen Aufsatz gibt uns Lauer an einer Stelle ein Manual für die sozialen Dienste mit, einen User Guide, eine Gebrauchsanweisung. Lauer fragt: »Ist es zuviel verlangt, dass sich alle, egal, in welcher Kommunikationsform, vorher folgende drei Fragen stellen: Muss es gesagt werden? Muss es jetzt gesagt werden? Muss es jetzt von mir gesagt werden? Und: Welcher Mehrwert entsteht denn durch diese permanente Nabelschau auf Twitter konkret und für wen?«

Lauer zerpflückt damit die Alles-muss-raus-Mentalität so mancher Twitter-User. Gerade wenn eine solche Kritik von einem Internetmenschen wie Lauer kommt, ist es wert, kurz innezuhalten und nachzudenken, ob der nächste Post wirklich notwendig ist.

Dennoch: Soziale Netzwerke sind großartig. Sie bieten uns die Möglichkeit, mit Menschen in Kontakt zu bleiben, die wir aus den Augen verloren haben. Ab und zu eine kleine Nachricht zu verschicken, einen Like zu verschenken, ist einfacher, als sich zu einem Anruf durchzuringen. Und wer weiß, ob die Nummer überhaupt noch stimmt.

Die nuller Jahre haben aus uns herumroboternde Digitalwesen gemacht. Wir filmen das Konzert, das wir besuchen, mit unseren Telefonen, statt es zu erleben. Wir fotografieren uns im Spiegel, um der Welt zu zeigen, wie gut uns die neue Hose passt. Reflexhaft blicken wir auf unser Display, wenn uns das Sosein der Dinge wieder einmal heillos überfordert. Wir navigieren uns zum Zielort, anstatt Leute nach dem Weg zu fragen, die uns eventuell ein Lächeln schenken. Wir kennen uns mit Smartphones besser aus als mit unserem Leben. Wir haben fünfhundert Freunde, aber eine angekratzte soziale Existenz.

In dem wunderbaren Roman des 1985 geborenen Schweizers Joël Dicker, *Die Wahrheit über den Fall Harry Quebert*, lässt er seinen im Lauf der Geschichte einsam gewordenen Protagonisten an einer Stelle räsonieren: »Ich ging in meinen Facebook-Account die Tausende meiner virtuellen Freunde durch, aber es war kein Einziger dabei, den ich hätte anrufen können, um mit ihm ein Bier trinken zu gehen.« Nagel. Kopf. Getroffen. Das Internet ist nämlich auch eine große soziale Vereinsamungsmaschine. Statt uns zu betätigen, hängen wir im Netz ab. Statt etwas zu erzählen, zwitschern wir in hundertvierzig Zeichen. Statt in die Welt zu schauen, blicken wir auf ein Retina-Display.

Werden unsere Kinder einmal fragen, wie es möglich sei, auf Wellen im Meer zu surfen? Im Wasser gebe es doch schließlich kein WLAN.

So, jetzt haben wir uns aber gehörig verplaudert.

Da fällt mir ein: Ich muss noch schnell mein letztes Runtastic-Ergebnis posten.

:-)

tl;dr: Das Internet ist eine coole Sache, vor allem Social Media, aber man muss es auch nicht übertreiben.

WER WAR DIESER HOLOCAUST?

»Warum soll ich Zeitung lesen, wo es doch immer nur
schlechte Nachrichten gibt? Warum soll ich
Romane lesen, in denen doch alles nur erfunden ist?
Warum soll ich Geschichte kennen?
Was hat das mit heute zu tun?«
— Ein Freund
»No one knows nothing anymore.«
— Billy Bragg

Gute Erzähler werden aufgefordert, immer wieder die gleichen Geschichten zu erzählen. Weil sie so spannend oder so komisch sind. Und weil nur sie diese Anekdoten so witzig nacherzählen können. Eine gute Freundin gehört zu jenem Typus. Stundenlang kann sie aus ihrem Leben erzählen, ohne dass sich irgendjemand dabei langweilen würde. Ein seltenes Talent. Wenn wir also bei Bier und Wein bacchantische Feste feiern, kommt es jedesmal zu dem Punkt, an dem Sili aufgefordert wird, die Geschichte mit dem Holocaust zu erzählen. Einfach, weil es so unglaublich ist.

Was war geschehen? An einem Abend saß Sili mit netten Leuten zusammen. Sie spielten Trivial Pursuit. Und wie das so ist bei diesem Wissensspiel, mal landet man einen Volltreffer, dann wieder liegt man komplett daneben. Man kann eben nicht alles wissen. An einer Stelle im Spiel bekommt eine Mitspielerin eine für sie offensichtlich recht komplexe Frage gestellt. Eine Frage aus dem Bereich Geschichte, es geht um die Zeit des Nationalsozialismus. Die

Mittzwanzigerin, eine BWL-Studentin, blickt ratlos in die Runde, weil sie die Frage nicht beantworten kann, und fragt dann hilflos: »Wer war nochmal dieser Holocaust?« Seither ist diese Anekdote der Running Gag auf jeder Party.

Direkt daran anschließen kann eine Episode, die ich selbst mit angehört habe. Wir sind mit einer Nachwuchs-Journalistengruppe auf dem Weg zur Bundespressekonferenz in Berlin. Die meisten in unserer Gruppe sind keine gebürtigen Berliner. Auf halbem Weg kommen wir mit dem Bus an einem Ort mit einem ganz besonderen Namen vorbei. Ein Kollege ruft: »Schau mal, hier gibt es einen Hiroshimasteg.« Ich folge der Zeigerichtung seines Fingers und sehe einen kleinen Brückenübergang. Während ich mir verloren die Umgebung anschaue, entspinnt sich zwischen diesem Kollegen und einer weiteren Kollegin ein Dialog. Mein Kollege meint, es sei schon irgendwie Wahnsinn, dass es hier einen Hiroshimasteg gebe. Die Kollegin, um die Dreißig, nickt abgebrüht und entgegnet, in Berlin gebe es schließlich viele Orte mit historischen Bezugspunkten. Worauf mein Kollege wiederum sagt, Hiroshimasteg fände er schon ein wenig geschmacklos, man würde schließlich auch keinen Abschnitt als Holocauststeg benennen. Die Kollegin antwortet, ja, das möge schon sein, aber letztlich könne sie dazu nichts sagen, für Vietnam habe sie sich nämlich noch nie so richtig interessiert. So raunt es also in manch jungem Akademikerhirn. Hiroshima oder Holocaust? Hauptsache Vietnam!

Es gibt in unserer Generation einen unübersehbaren Trend. Und dieser Trend besagt: Allgemeinwissen kann man nicht mehr voraussetzen. Natürlich sind die eben erwähnten Situationen Einzelfälle. Aber auch Einzelfälle

sagen etwas über eine Generation aus. Die Wahrschein-
lichkeit, im Jahr 1974 jemandem zu begegnen, der Begriffe
wie Hiroshima und Holocaust nicht zuordnen konnte,
wäre vermutlich verschwindend gering gewesen und
würde zahlenmäßig im Promillebereich herumdümpeln.
Im Jahr 2014 sieht das anders aus. Einer repräsentativen
Umfrage zufolge kennt heute jeder Fünfte unter dreißig
Jahren Auschwitz nicht mehr. Für jene zwanzig Prozent
könnte es sich bei Auschwitz demnach um einen Club
Med, den Nachnamen eines Bundesligaprofis oder ein
Modell einer finnischen Dampfsauna handeln.

Mein Freund Alex ist ein typischer Repräsentant unserer Generation. Er lässt keine Gelegenheit aus, selbstbewusst über seine Unkenntnisse und Bildungslücken zu
schwärmen. Alex hat Politikwissenschaft studiert und
arbeitet heute in der Meinungsforschung. Er hat sein Studium mit Bestnoten abgeschlossen. Den Namen Francis
Fukuyama kann er dennoch nur mit Schwierigkeiten korrekt einordnen. Man muss Francis Fukuyama nicht kennen, um Himmels willen! Aber wer als Politologe einen
der bekanntesten lebenden Vertreter seiner Disziplin nur
vom Hörensagen kennt, ist entweder gut im Verdrängen
oder Opfer des Zeitgeistes.

Aber es müssen gar nicht irgendwelche Big Names oder
brisante Weltereignisse sein. Schon die kleinen Dinge
geben Aufschluss, mit wem man es bei uns Jungen zu tun
hat. Da ist der Sänger Clueso, der in einer Doku über Udo
Lindenberg das Wort »melankonisch« fallen lässt. Ein
guter Kumpel von mir findet schnell etwas »parfekt« und
kann Kritik an der »Globasilierung« nicht nachvollziehen.
Und wie oft musste ich schon zähneknirschend hinneh-
men, wenn jemand die späten Beatles als »psychodelisch«

bezeichnet oder die *Herr der Ringe*-»Triologie« genial findet. Nein, mit Sprache, geschweige denn mit Fremdwörtern, haben wir es nicht so. Selbst schuld, man muss keine Fremdwörter benutzen.

Davon nehme ich mich nicht aus. Mit Sprache komme ich ganz gut zurecht, geht es aber um andere Bereiche, schmeißt es mich jedesmal von neuem auf. Noch bis in meine tiefen Zwanziger hinein dachte ich, die Augen würden von künstlichem Schielen tatsächlich irgendwann stecken bleiben, wie meine Mutter mir es immer prophezeit hat, als ich klein war und Grimassen geschnitten habe. Ich wusste lange nicht, dass Rosinen einmal Weintrauben waren, und dachte, eine Baumschule sei lediglich ein abfälliges Wort für den Unterricht von Minderbemittelten und nicht eine »erwerbsmäßig bewirtschaftete Anbaufläche für Bäume, Sträucher, Rosen ...«, wie ich jetzt dank Wikipedia weiß. Ich habe keine Ahnung, welches Land wo in Afrika liegt, außer Südafrika, das natürlich im Süden hängt, also ganz unten am Zipfel. Würde ich versuchen, alle Länder aufzuzählen, die in der EU sind, ich würde dramatisch scheitern. Als Stadtkind, das ich bin, darf man mich außerdem nichts fragen, was saisonales Gemüse und Obst betrifft. Ich habe keine Ahnung, was wann und wo wächst. Ich verschweige an dieser Stelle das Alter, in dem mir klar wurde, dass Bananen nicht in Mitteleuropa wachsen. Und ich komme nicht aus der Zone.

In meiner Generation haben wir alle unsere Lücken. Meine Defizite liegen im Bereich Erd- und Sachkunde, und mit Zahlen habe ich es auch nicht unbedingt.

Die Ursachen für all diese Phänomene sind wohl ein ungesunder Mix aus elternhäuslicher Überbehütung und selbstverschuldeter Realitätsverweigerung. Jeder hat so seine eigenen Bildungsdefizite. Das an sich wäre nichts Neues. Nur sind unsere Wissens- und Erfahrungsmängel eklatanter als bei unseren Vorgänger-Generationen. Man kann vollkommene Banalitäten schlicht nicht mehr voraussetzen.

Es ist doch so, den Vorwurf der Verblödung musste sich noch jede Generation gefallen lassen. Schon Sokrates soll gesagt haben: »Die Jugend von heute liebt den Luxus, hat schlechte Manieren und verachtet die Autorität. Sie widerspricht ihren Eltern, legt die Beine übereinander und tyrannisiert ihre Lehrer.« Besser trifft es noch, wie so oft, der großartige George Orwell: »Jede Generation glaubt, intelligenter als die vorhergehende zu sein, und weiser als die, die nach ihr kommt.«

Gerhard Wolf sieht das anders. Er ist Altphilologe an der Universität Bayreuth. Er sieht gerade in der derzeit jungen Generation eine Horde von Bildungsbanausen. Dabei fällt er nicht in den Ton des Vorurteils, sondern kann seine Einwände mit Fakten untermauern. Im Dezember 2011 schickte Wolf einen von ihm erstellten Fragebogen an siebzig seiner Kollegen. Die Professoren und Dozenten sollten Antwort geben über die Fähigkeiten ihrer Studenten. Das Resultat der von Wolf initiierten Umfrage waren vernichtende Urteile. Dem *Spiegel* sagte Wolf: »Die Defizite liegen vor allem in der Sprach-, Lese- und Schreibkompetenz, das haben alle Kollegen genannt. Damit gemeint sind Rechtschreibung, Grammatik, Syntax, Interpunktion, der Umgang mit den Tempora und der Wortschatz. Beim Lesen erfassen viele die Aussage eines längeren Textes nicht. Beim Schreiben und Sprechen können viele Studenten ihre eigenen Gedanken und Argumente nicht richtig ausdrücken. Sie schreiben in Vorlesungen nicht einmal mehr mit.« Mit anderen Worten: Rechtschreibung ist Freestyle.

Damit wir uns richtig verstehen: Hier geht es nicht um eine PISA-Studie, die die Lese- und Schreibkompetenz von Minderjährigen testet. Es handelt sich dabei auch nicht um die Auswertungsergebnisse einer Umschulung für Hartz-IV-Empfänger und deren Ausdrucksvermögen. Es ist die zukünftige Elite unseres Landes, die »ihre eigenen Gedanken und Argumente nicht richtig ausdrücken« und den Sinn eines längeren Textes nicht erfassen kann. Wolf beobachtet allerdings nicht nur in der Sprachkompetenz einen Rückgang an Kenntnissen, sondern auch in Fragen des Allgemeinwissens: »Auch das Fachwissen geht zurück, und die Allgemeinbildung ist bei manchen Studenten ebenfalls erschreckend. Einige glauben, der Zweite Weltkrieg habe im 19. Jahrhundert stattgefunden.« Heureka! Und Ronald McDonald war Präsident der Vereinigten Staaten von Amerika.

Ein Bekannter, der beruflich mit der Echo-Verleihung zu tun hatte, meinte, er hätte der Laudatio von Reinhard Mey auf dessen Liedermacherkollegen Hannes Wader irgendwann nicht mehr folgen können, sie sei schlicht zu lang gewesen. Und es stimmt ja auch, Ansprachen können schon mal ausufern und die Wirkung einer Schlaftablette entfalten. Die Laudatio von Reinhard Mey auf Hannes Wader war allerdings nicht eine Stunde lang, auch nicht eine halbe Stunde, auch nicht zehn Minuten. Die Rede dauerte knapp vier Minuten. Wader bekam an jenem Abend den Preis für sein Lebenswerk verliehen. Das ist die wichtigste Auszeichnung dieser Preisverleihung. Da muss ein bisschen Zeit für Lobhudelei sein. Die Rede von Reinhard Mey war weder so verschnörkelt noch verschlungen, dass man ihr nicht hätte folgen können. Er erzählte ein paar Anekdoten über den Liedermacherfreund – in knapp 250 Sekunden. Zu lange für meinen Bekannten.

Man kann es ihm schwerlich zum Vorwurf machen. Schließlich leben wir in einer ökonomisch voll durchgetakteten Ära, die oft nicht mehr Zeit lässt als für einen Like auf Facebook, einen Retweet eines Zitats oder dem Hochladen eines Fotos, um sein Empfinden auszudrücken oder die Gefühlslage eines anderen zu verarbeiten. Aber kommunizieren bedeutet eben nicht nur, Informationen in möglichst kurzer Zeit weiterzugeben.

Wir sind die ersten ADHS-Kinder, die jetzt erwachsen sind. Um sich der Welt mitzuteilen, reichen heute 140 Zeichen und ein paar Hashtags. Wir bringen nicht mehr die Aufmerksamkeit auf, uns länger einer bestimmten Sache zu widmen.

Auch in der Kultur tun wir uns schwer, einer Sache über eine längere Strecke Aufmerksamkeit zu schenken. Alte Dreistundenfilme wie *Apocalypse Now*, *Der Pate* oder *Spiel mir das Lied vom Tod* ziehen sich aus heutiger Perspektive wie Kaugummi in die Länge. Zu langsam geht die Handlung voran. Geht man ein wenig weiter zurück in der Filmgeschichte, zu Hitchcocks *Das Fenster zum Hof* oder Sidney Lumets *Die zwölf Geschworenen*, wird es endgültig unerträglich. Die Konzentration über einen Zeitraum von mehr als zwei Stunden aufrechtzuerhalten schaffen wir nur noch beim Schauen eines Fußballspiels, einer Unterhaltungs- oder Talkshow – weil man da keiner durchgängigen Handlung folgen muss. Wer geistig aussteigt, kann jederzeit wieder locker einsteigen.

Aber ist man deswegen doof? Ist man doof, wenn man den Satz des Pythagoras nicht aufsagen kann? Wenn man noch nie etwas vom Gang nach Canossa gehört hat? Wenn man keine Ahnung hat, warum noch mal alle Wege nach Rom führen? Wenn man nicht weiß, ob Goethe und Mozart Zeitgenossen waren? Ob *Für Elise* jetzt ein Roman von Thomas Mann oder doch eher ein Musikstück von Beethoven ist? Wenn man nicht weiß, was Schrödinger so getrieben hat oder wofür Einstein eigentlich so berühmt ist? Wenn man Stresemann mit Straßennamen assoziiert und nicht mit einer historischen Figur? Wenn man Karl Marx und Carl Barks nicht auseinanderhalten kann. Ist man deswegen doof?

Um es ganz eindeutig zu sagen: Jein! Oder auch: Nicht unbedingt.

Wissen verlagert sich. Einen Bildungskanon muss jede Zeit für sich neu definieren. Wer heute Apps für Smartphones programmiert, ein Start-up-Unternehmen aus dem Boden stampft oder als Eventmanager arbeitet, muss nichts von der *Dreigroschenoper* gehört haben oder den stilistischen Unterschied zwischen Picasso und Braque ausmachen können. Unsere digitale Zeit erfordert weder eine lange Aufmerksamkeitsspanne noch ganzheitliches Denken oder sprachliche Eleganz.

Bei Apple bauen Techniker in diesem Augenblick ein neues iPhone zusammen. Die Öffentlichkeit soll davon bis zuletzt nichts erfahren. Geheimhaltung bis zum Schluss verspricht großes Interesse beim Veröffentlichungstermin, der jedesmal bei Apple zu einem Event ausartet. Damit nichts, aber auch wirklich gar nichts, vor dem Release-Termin durchsickert, wissen die allermeisten Techniker gar nicht, woran sie arbeiten. Man muss in einer postmodern-digitalen Arbeitsteilung nicht wissen, woran man gerade schraubt. Früher hätte man solche

Spezialisten Fachidioten genannt. Heute ist es in vielen Bereichen eine zeitgemäße Arbeitsstrategie.

In dem Film *Idiocracy* spielt Luke Wilson einen Armeemitarbeiter, der für ein Jahr in einen Kälteschlaf versetzt werden soll. Das Experiment geht schief, und er erwacht 500 Jahre später in der Zukunft. Amerika ist von einer Demokratie zu einer Idiokratie mutiert. Alle Menschen sind verblödet. Sie bewässern ihre Felder mit Gatorade und wundern sich, warum die Ernte nicht gedeihen will. Der Bildungsminister ist ein geistig Zurückgebliebener, der Präsident der Vereinigten Staaten ein Gangsta-Rapper mit Grill zwischen den Zähnen und mächtig Blingbling. Was einst Starbucks-Filialen waren, sind nun Bordelle.

Wie konnte das alles passieren? Die These des Film ist: Ab den 2000er Jahren haben sich die bildungsfernen Unterschichten überproportional rasant fortgepflanzt. Sie leben am Existenzminimum, essen nur Fertigprodukte und brechen die Schule frühzeitig ab, doch der Staat sorgt für ein Auskommen. Zum Leben zu wenig, zum Sterben zu viel.

Auf der anderen Seite des gesellschaftlichen Spektrums haben die Bildungsbürger längst damit aufgehört, selbst für Nachwuchs zu sorgen, weil ihnen die Karriere wichtiger war als die Familiengründung. Kurzum: Die Dummen werden mehr, die Schlauen weniger. Der Anfang einer Idiokratie.

Nein, so schlimm ist es nicht im Hier und Heute (auch wenn alle Anzeichen dafür stehen). Aber hin und wieder werde ich unliebsam an die düstere Zukunftsvision von *Idiocracy* erinnert. Etwa dann, wenn mir ein Bekannter folgende Szene aus einer Zeitungsredaktion schildert: Berlin feierte im Juni 2013 das 50-jährige Jubiläum zur »Ich bin ein Berliner«-Rede von John F. Kennedy. Erst wenige Tage zuvor war Barack Obama in der deutschen Hauptstadt zu Besuch. Die jungen Redakteure fragen sich, welche US-Präsidenten außer Kennedy im Jahr 1963 und Obama im Jahr 2013 eigentlich noch Berlin besucht haben. »Reagan war da«, sagt einer. Zustimmendes Schweigen. Eine Kollegin ruft: »Henry Ford war auch da.« »Ja, genau, Henry Ford war auch da«, ein anderer. »Ja, Henry Ford, stimmt«, ein weiterer. Natürlich meinten sie nicht Henry Ford, den Autohersteller, sondern Gerald Ford. Henry oder Gerald, wen interessiert das schon. Im Übrigen war Gerald Ford nie in Berlin.

Werden wir also permanent dümmer? Oder werden wir heute mit Informationen rund um die Uhr so heftig bombardiert, dass wir einfach vieles vergessen? Müssen wir also Platz im Kopf für ganz praktische Anliegen schaffen und misten daher totes Wissen automatisch aus? Ein Fall für den Neurowissenschaftler. Oder doch eher für die Bildungshüter?

Ich bin auf ein Wiener Realgymnasium gegangen. Das ist nicht zu vergleichen mit einer Realschule in der Bundesrepublik. Unser Gymnasium hatte drei Zweige: einen wirtschaftskundlichen, einen naturwissenschaftlichen (das hieß dann Realgymnasium) und einen humanistischen. Ich kann mich noch gut erinnern, wie schüler- und elternübergreifend über den realitätsfremden Unterricht »geraunzt« wurde. Was nutze es einem 13-Jährigen, so die Vorbehalte, einen Notenschlüssel samt Tonleiter in D-Dur in seinem Musikheft auswendig aus dem Kopf niederschreiben zu können? Was nutze es, lange Beweisketten von mathematischen oder physikalischen Sätzen wiedergeben zu können? Und warum zur Hölle werde überhaupt noch Religion unterrichtet? Schule solle praxisnäher sein, die Kinder sollten besser auf die Berufswelt vorbereitet werden. Wenn Schüler oder Eltern diese Umstände beklagten, rannten sie gegen Wände.

Nun ist es soweit, die Utopie von einst ist Wirklichkeit geworden, Schule und Universität sind tatsächlich praxisnäher geworden. Und jetzt regen sich alle wieder in die umgekehrte Richtung auf: Allgemeinwissen, kulturelle Bildung, breitgestreute Kenntnisse blieben auf der Strecke. Man möchte gerne zurückfragen: Wie hätten Sie's denn gerne? Klar, ein Jugendlicher sieht nicht ein, wozu er oder sie einmal Latein brauchen könnte. Doch später im Leben bereuen es die wenigsten, sich Kenntnisse in dieser »toten Sprache« angeeignet zu haben. Nicht alles, was auf den ersten Blick nutzlos erscheint, ist auch nutzlos.

Es ist erstmal per se nichts Schlechtes, wenn unser Bildungssystem seit geraumer Zeit praxisnäher oder, wie es Jugendforscher Bernhard Heinzlmaier ein wenig abfällig ausdrückt, »ökonomischer« geworden ist und Kinder und Studenten womöglich nun besser auf ein Leben in der Privatwirtschaft vorbereitet werden, als das noch vor zehn, fünfzehn oder zwanzig Jahren der Fall war. Vielleicht ist die kanonische, humboldtsche, humanistische, schöngeistige Bildung heute eine Holschuld. Vielleicht ist jeder dazu selber angehalten, Kafka zu lesen, *Die zwölf Geschworenen* zu schauen oder sich über den Vertrag von Versailles kundig zu machen.

Unsere Generation und die uns nachfolgenden haben ganz andere Schlachten zu schlagen. Wir sind es, die versuchen müssen, eine nachhaltige Energiegewinnung zu etablieren, die nicht mehr von fossilen Ressourcen abhängig ist. Unsere Generation ist es, die mit den Folgen von

Wirtschaftskrise, horrenden Staatsschulden, einer brüchigen Währung und zunehmender Migration zurechtkommen muss. Unsere Generation ist es auch, die sich Gedanken darüber machen muss, wovon wir in unserem Ruhestand leben sollen. Unsere Generation ist es, die sich wieder stärker mit Themen wie Sicherheit, Terrorismus und individueller Freiheit herumschlagen muss als die vor uns. Wie wohlfeil ist es da zu beklagen, die heutige Generation wüsste nicht mehr, wer Rembrandt oder Lessing waren, und ob Michael Kohlhaas nun den Heinrich von Kleist geschrieben hat oder umgekehrt.

Natürlich gibt es die vielbeklagte Verblödung. Sonst würden nicht ständig Bücher darüber geschrieben werden. Ich kenne Altersgenossen, denen der Unterschied zwischen Regierung und Parlament nicht klar ist. Das ist nicht gerade spezifisches Fachwissen einiger Elfenbein-Politologen. Wenn einer über Politik nicht einmal das weiß, was kann man dann noch erwarten? Wenn einer Schopenhauer nicht zitieren kann, ist das kein Zeichen von Verblödung. Wenn aber 18-Jährige in Deutschland nicht wissen, ob sie in einer Demokratie oder Diktatur leben, dann wird es gruselig. Eine Studie des Forschungsverbunds SED-Staat der Freien Universität Berlin hat aber genau das herausgefunden. 36 Prozent aller befragten Jugendlichen können nicht mehr zwischen den Systemen Nationalsozialismus, DDR-Regime und Demokratie unterscheiden. Man darf annehmen, dass es nicht nur den bis 18-jährigen Jugendlichen so geht, sondern auch den Um-die-Dreißigern, die ja nur einen Katzensprung entfernt sind. Doch die ganze Bildungsmisere hat auch ihre guten Seiten. Zum Glück diskutiert heute keine theoriebesessene Studentenjugend außerhalb der Hörsäle mehr über die Vor- und

Nachteile der »Dialektik der Aufklärung«, die »logische Struktur des Kapitalbegriffs bei Karl Marx« sowie den hegelianischen Weltgeist und wo er überall zum Vorschein kommt.

Im Sommer 2012 habe ich im Berliner Bezirk Prenzlauer Berg folgende Szene miterlebt. Eine junge Frau sieht Holzfäller bei der Arbeit, wie sie gerade der Reihe nach einen Baum nach dem anderen absägen. Die Frau, sichtlich geschockt von so viel Brutalität gegenüber Mutter Natur, stürmt auf einen der Männer mit den Motorsägen zu und fragt ihn aufgebracht, warum man denn diese schönen Bäume fälle. Immer das Gleiche sei das, ständig werde für neue Bauvorhaben ein Stück Natur geopfert. Der Motorsägenmann wartet die Tirade entspannt ab, so als ob er solche Einwände nicht zum ersten Mal hört, und sagt: »Junge Frau, diese Bäume müssen wir fällen, die sind krank.« Es half nicht. Die Frau, zu der sich jetzt noch ein interessierter junger Mann gesellt hatte, sah nicht ein, was mit den armen Bäumen da getrieben werde.

Der Journalist David Harnasch schreibt über eine ähnliche Situation: »Kein Mensch kapiert mehr irgendwelche Zusammenhänge. Städter, die in Manufactum-Massivholzmöbeln wohnen, pöbeln am Wochenende beim Spaziergang Waldarbeiter an, weil sie ›Bäume retten‹ wollen.« Harnasch zitiert auf Facebook Roland Brauner vom Forstamt Villingen-Schwenningen, mit dem er kurz zuvor ein Gespräch darüber geführt hat: »Wenn im Stadtgebiet Bäume gefällt werden müssen«, so Brauner, »ist das Geschrei jedes Mal groß. Dann sage ich: ›Leute, ihr stellt doch auch nicht den verstorbenen Opa in den Garten und macht Stöcke rein, damit er nicht umfällt. Wenn der Baum tot ist, ist er tot. Dann pflanzen wir einen neuen. So ist das Leben!‹«

Es gibt sicher viele Gründe für die Verschiebung der Wissensgrenzen und des Bildungshorizonts.

Für den Journalisten Georg Diez leben wir alle in einer Blase. Er macht in seiner Kolumne auf *Spiegel Online* dafür soziale Netzwerke wie Facebook verantwortlich, die uns aufgrund ausgetüftelter Algorithmen nur noch das präsentieren, was wir sowieso schon kennen. Wer auf Facebook Bushido liked, bekommt womöglich noch Sido und Kay One vorgeschlagen. Aber das war es dann auch schon mit dem Über-den–Tellerrand-blicken. Für Diez sind Orte wie Facebook ein »Schallschutzraum für unfreie Geister«. Er appelliert: »Es wird Zeit, die Höhle zu verlassen.«

Ja, wir sollten die Höhle verlassen, die Comfortzone, sollten auch mal probieren, »out of the Box« zu denken, wie die Amis das nennen. Weg aus dem Schachteldasein! Unsere Generation ist nicht dumm. Wir sind weder doof noch deppert. Wir stehen nur für die dumm da, die das Wissen auf das Humboldtsche Ideal von universaler Bildung reduzieren. Aber mittlerweile zählen längst andere Wissensinhalte.

Unsere Eltern- und Großeltern können nicht glauben, dass wir es mit historischem Wissen um Nationalsozialismus, Koreakrieg und dem Aufstand in Ungarn nicht so haben. Aber was wiederum wissen unsere Eltern und Großeltern von Kaiserreich, Märzrevolution und Fin de Siècle? Ist es nicht natürlich, eher die nähere Vergangenheit präsent zu haben? Modernes Verfügungswissen hat das alte Faktenwissen abgelöst. Wir müssen nicht zwingend im Kopf behalten, was wir auf Google in null Komma nichts nachschlagen können.

Im Juli 2013 haben die *RTL2 News* erstmals mehr Zuschauer zwischen 14 und 49 Jahren erreicht als die seriöse

Tagesschau. Nicht einen, nicht hundert – nein, gleich 50 000 Zuschauer mehr. Bei RTL2 kann die Topmeldung des Tages schon mal von Hundebabys handeln, wie die Ausgabe vom 14. Juli beweist. Jede Generation hat eben ihre ganz eigenen Defizite. Oder wie Fury in the Slughterhouse einmal sangen: *Every Generation got its own disease.*

Gestern habe ich ein Gespräch belauscht. Zwei Teenies quasselten über das bevorstehende Abi. Auf die Frage des einen, ob er Goethe auch schon satt habe, erwiderte der andere, er fände dieses *Somebody that I used to know* gar nicht mal so übel, auch wenn gerade alle darauf herumhacken. Der Junge meinte natürlich den Sänger Gotye und nicht den Dichter Goethe.

Wenn das der alte Holocaust hören könnte!

Er würde sich im Grabe umdrehen.

HOGWARTS IST ÜBERALL

»Ist nicht irgendwo da draußen 'n bisschen Glück für mich?«
— Silbermond
»Ich mach' mir die Welt widdewidde wie sie mir gefällt.«
— Pippi Langstrumpf

Wer sich für ein Studium an einer deutschen Hochschule entschließt, hat eine gewisse Erwartungshaltung. Wie man voraussetzt, dass ein Wiener Schnitzel aus Kalbfleisch besteht, dass es sich beim neuen Stephen King um eine spannende Horrorgeschichte und keinen kitschigen Softporno handelt und dass, wo schottischer Whisky draufsteht, kein osteuropäisch gepanschter Fusel drin ist – genauso kann man von einer Universität annehmen, es mit einem Ort der Wissenschaft zu tun zu haben. In Frankfurt an der Oder ist das anders.

Seit mehr als fünfhundert Jahren existiert hier die Viadrina-Universität. Im Jahr 1991 wurde die Bildungsstätte neu gegründet. Gesine Schwan, später Bewerberin um das Bundespräsidentenamt, war unter anderem Rektorin hier. Die Viadrina ist zwar keine klassische Volluniversität, man kann aber dennoch so bodenständige Fächer wie Betriebs- oder Volkswirtschaft, Jura oder Kulturwissenschaft studieren.

Doch in den nuller Jahren geriet die Viadrina in den Ruf, eher eine Zauber- denn eine Hochschule zu sein. Wissenschaftlich skurril anmutende Fächer wie Komplementärmedizin standen plötzlich auf dem Lehrplan und konnten als Kurse besucht werden. Wissenschaftliche Mitarbeiter und Professoren der Uni publizieren und lehren zu so obskuren Themen wie Ufos, dem Gralsmythos, astrologischer Ernährungsberatung und paranormalen Phänomenen. Ein Student verfasste gar eine Masterarbeit, in der er Belege über das Hellsehen anführte und sich mit Visionen von diversen Probanden befasste. Die Arbeit wurde ausdrücklich gelobt.

Seither wird die Viadrina-Universität von vielen nur noch als »Hogwarts an der Oder« bezeichnet. Weil sie mehr einer Zauberschule wie der in den *Harry Potter*-Romanen gleicht als einer seriösen Hochschule. Ein akademisches Wolkenkuckucksheim.

Doch hinter diesem offenbar singulären Phänomen steckt in Wahrheit viel mehr. Hogwarts liegt nicht nur an der Oder, Hogwarts ist überall. Es ist das Symptom einer Epoche, die sich dem geistigen Anything goes verschrieben hat.

Der Esoterikboom der vergangenen Jahrzehnte ist nur eine Facette eines weit größeren Phänomens. Die Hogwartisierung hat nicht nur Eingang in renommierte Universitäten gehalten, sondern auch in unser Denken. Es drückt sich nicht nur in absurden Theorien über Wunderwasser, Auraheilung und Wünschelruten aus. Das sind lediglich die extremen Ausprägungen eines Zeitgeistes, der stets das Luftige dem Geerdeten vorzieht.

Nein, diese Weltanschauung drückt sich insbesondere aus in einem Zwang zum Positivdenken, einem endlosen Streben nach Glück und der Angst vor Konflikten. Wir wollen das schöne, gute Leben, nicht so sehr das wahre.

Wenn es irgendwie geht, versuchen wir Widerstände zu vermeiden. Unser Leben richten wir ein wie die Villa Kunterbunt von Pippi Langstrumpf, eine Welt, in der wir tun und lassen können, was immer wir wollen. Wie sehen unsere Werte aus? Haben wir überhaupt noch welche? Woran glauben und vor allem – wie denken wir?

Man kann es so sagen: Wir haben zwar den Glauben an den einen Gott verloren, auch den Glauben an herkömmliche Religionen generell. Für unsere Generation gilt immer mehr: Wir glauben an alles Mögliche, nur nicht an Gott. Die Lücke, die das bei vielen hinterlässt, wird mit schwammigen Ersatzreligionen gefüllt. Unsere Ersatzreligionen heißen Esoterik, Fußball, Gesundheit, Ökologie, Apple, Social Media, um nur einige von vielen zu nennen. Statt jeden Sonntag in die Kirche pilgern viele von uns jeden Samstag ins Fußballstadion oder versammeln sich im Halbrund vor dem Livestream aus dem Silicon Valley, wenn Apple wieder ein neues iPad präsentiert.

Menschen sind nicht gerne frei, daher haben sie sich zu jeder Zeit Götter geschaffen. Doch heute sind das eher Fußballer wie Mario Götze und Mesut Özil als Kirchenväter wie Thomas von Aquin oder Augustinus. Wer ein x-beliebiges Länderspiel im Fernsehen oder live sieht, kann zu dem Schluss gelangen, einer religiösen Zeremonie beizuwohnen. Vor dem Spiel singen die beiden Teams ihre Nationalhymnen, dann verlesen die Mannschaftskapitäne ihren Willen, sich an die Regeln des Fairplay zu halten, und sprechen dabei die letzten Worte synchron, wie in einem gemeinsamen Gebet. Amen. Statt den Leib Christi gibt es Pils vom Fass, und wo es langgeht, sagt nicht der Pfarrer, sondern der Schiedsrichter. Erinnert alles ein bisschen sehr an Gottesdienst.

Woran glaubt also die Generation Maybe? Die Shell-Jugendstudie aus dem Jahr 2010 gibt Auskunft über die damals 12- bis 25-Jährigen: Demnach glauben 72 Prozent der Befragten entweder an eine nicht näher definierte überirdische Macht, wissen nicht, woran sie glauben sollen, oder glauben weder an einen Gott noch eine überirdische Macht. An einen persönlichen Gott, wie er in der Bibel, in der Tora oder im Koran steht, glauben nur 26 Prozent. Die beiden Großkirchen in Deutschland verzeichnen insbesondere bei den jungen Menschen einen dramatischen Schwund.

Statt an Gott glauben wir viel lieber an Glück und Globuli. Im Mai 2013 hat die *Zeit* den fortwährenden Trend zur Esoterik zu ihrem Titelthema gemacht. In dem Dossier »Die Renaissance der Unvernunft« kommen die Autoren zu dem alarmierenden Schluss: »Nach wissenschaftlichen Maßstäben ist Deutschland nicht mehr ganz dicht.« Laut einer Umfrage glauben demnach 55 Prozent der Westdeutschen an Wunder, 42 Prozent an Engel, 26 Prozent an die Wiedergeburt und immerhin noch 20 Prozent an Geister. Bei den Ostdeutschen liegen die Zahlen ein wenig darunter. Einer repräsentativen Emnid-Umfrage zufolge glauben sogar 57 Prozent der Deutschen an Hellseherei, 42 Prozent an magische Kräfte und ein Drittel an die Wirksamkeit von Flüchen. Die Esoterikbranche macht in Deutschland einen Umsatz von geschätzt 25 Milliarden Euro. Jährlich. Tendenz steigend.

Das Erschreckende daran ist, dass immer mehr junge, gebildete und rationale Menschen an Hokuspokus glauben. Und dass jener Hokuspokus an Hochschulen wie eben der Viadrina einzieht, wo Hellsehen und Transkommunikation nicht als Parawissenschaften gehandelt, sondern mit akademischem Elan diskutiert werden. Im April 2011 hat die *Zeit* geschrieben: »Für den Studenten ist es [heute] schwer zu erkennen, dass sich sein Professor längst der Pseudowissenschaft verschrieben hat.« Immer mehr Studenten bekommen also »Wissen« vermittelt, das in Wahrheit aller akademischen Grundlagen entbehrt. Man könnte daher, statt sich weiterzubilden, einfach auch ein Orakel befragen. Doch wer das Sprechen mit den Toten für eine den Natur- oder Geisteswissenschaften ebenbürtige Disziplin hält, sollte sich eher um einen Platz in Gryffindor bemühen, also jenem Haus der Zauberschule Hogwarts, in dem schon Harry Potter seine Ausbildung genossen hat.

Im Mai 2011 warnte wiederum die *Zeit* in einem Artikel zum Thema Pseudowissenschaften: »Esoteriker unterwandern die deutschen Hochschulen. Der Unterschied zwischen Wissenschaft und Unsinn verwischt.« Irrationale Lehren fände »man mittlerweile selbst an unverdächtigen Institutionen. Auch in Behörden, Bildungsstätten und Unternehmen hält die Esoterik Einzug.« Ein Serum also, das sich unaufhaltsam in der Blutbahn unserer Tage ausbreitet. Die Autoren der *Zeit* schreiben: »Am anfälligsten für die Unterwanderung durch Esoteriker sind ausgerechnet die Universitäten. Das Internetprojekt esowatch.com zählt deutschlandweit 17 Hochschulen mit pseudowissenschaftlichen Lehr- und Forschungsangeboten. Besonders deutlich zu beobachten ist der Einzug des Hokuspokus in der Medizin.« Siebzehn Hochschulen, das klingt nicht gerade nach einem akademischen Paradigmenwechsel. Andererseits schreitet diese Entwicklung voran. Die Hogwartisierung ist erst am Anfang – und sie ist in vollem Gange.

Der österreichische Historiker und Esoterikexperte

Roman Schweidlenka sagt: »Wenn junge Menschen nach Alternativen zu unserem System suchen und in eine geistige Richtung kommen, landen sie zu 95 Prozent auf einem total durchkapitalisierten Markt. Das war natürlich nicht immer so.« Über den wachsenden Esoterikboom sagt er in einer Diskussionssendung des österreichischen Fernsehsenders Okto: »Ursprünglich war diese neue Spiritualität gegen das System. Meditation war antikapitalistisch. Mit dem ›New Age‹ der siebziger Jahre, wo die ganzen Seminarzentren hochgeschossen sind, hat man dann angefangen, für Kurse zu zahlen. Die politische Mischung, die da noch dabei war, ist immer mehr und mehr weggefallen. Das Ganze ist dann immer teurer geworden. New Age hat sich dann ja auch verflüchtigt, und übrig geblieben ist die Esoterisierung unserer Gesellschaft, die wir heute Länge mal Breite beobachten können. Leider ist das ganz normal und wird nicht hinterfragt.«

Für unsere Generation gilt: Wir vermischen die Dinge. Was einst die Bastion des Glaubens war, die Religion, sehen wir heute viel rationaler. Die Apokalypse nach Johannes – welch grober Unfug! Noah im Bauch des Wals – ein Tor, wer so was heute noch glaubt! Andererseits öffnen (oder verengen) wir unseren Horizont für Randgebiete wie die Homöopathie, esoterischen Klimbim und eine global zusammengepuzzelte Spiritualität.

Viele meiner Bekannten schwören etwa auf Yoga. Und geben eine Menge Geld dafür aus. Sie rennen in Kurse, in denen sie sich unter semiprofessioneller Anleitung in alle Himmelsrichtungen verbiegen. Es gibt inzwischen so viele Formen von Yoga, dass man gar nicht mehr weiß, für welche man sich entscheiden soll: Acro-Yoga, Anti-Gravity-Yoga, Anusara-Yoga, Bikram-Yoga, Iyengar-Yoga, Jivamukti-Yoga, Kundalini-Yoga, Nivata-Yoga, Sivananda-Yoga, Tula-Yoga, Vini-Yoga, Yin-Yoga und Dutzende Spezialrichtungen mehr. Yoga, das ist ein Mix aus Beten und Verrenken. Reine Gymnastik, also Bodenturnen ohne Spiritualität, machen hingegen nur noch Rentner, die von der Kasse eine Rückentherapie verschrieben bekommen. Wenn schon Dehnungsübungen, dann müssen sie auch einen esoterischen, pseudogöttlichen Touch haben. Man will nicht nur die Muskeln lockern, sondern auch den Verstand. Den Kopf leer machen vom hektischen Alltagsgetriebe.

Unsere Generation ist süchtig nach Harmonie und hat nie richtig gelernt, wie man Konflikte löst. Wir wollen ein Leben, das schmeckt wie süßer Sirup, der aber trotzdem nicht auf die Figur schlägt. Wir alle haben unseren Paulo Coelho gelesen und im Anschluss das Gefühl gehabt, das Leben nun ein wenig besser zu begreifen. Wir alle haben schon mal – heimlich oder ganz offen – Ratgeberbücher gekauft, die uns erklären, wie das alles zu bewerkstelligen ist im Alltag, im Büro, mit Freunden und Familie. Blogs darüber, wie das Leben gelingen kann, schießen wie Unkraut aus dem Boden. Motivation sei das Wichtigste, heißt es dann immer, flexibel und anpassungsbereit müsse man sein. Und dass wir alles erreichen können. So wie wir ins Universum reinrufen, so kommt es auch zurück, haben wir irgendwo gelernt. Positiv müsse man sein und ja keine negativen Gedanken solle man zulassen. Wir wissen zwar tief drinnen, dass das nicht funktionieren kann, aber das ist nun mal der Geist der Zeit, in der wir leben. Wir sind ständig auf der Suche nach dem Glück und bekommen es doch nur selten zu fassen. Es ist uns meistens einen Schritt voraus.

Von welcher Seite man sich auch der geistigen Befindlichkeit der Generation Maybe nähert, aus allen Poren tropft das süße Gift der Harmonie. Wir machen uns das Leben, so wie es uns gefällt.

In unserer Generation siegt immer das Leichte über das Schwere. Daher kaufen wir zum Beispiel Magazine mit weichen Liebes-, Sex-, Gesundheits- und Psychothemen lieber als Zeitungen mit hart recherchierten Politik- oder Wirtschaftsnachrichten. Daher freuen wir uns, wenn der Chef uns duzt. Deswegen sind wir die erste erwachsene Generation, die noch immer Zeichentrickserien ansieht, ob nun *SpongeBob* oder die *Simpsons*, und die noch mit Ende zwanzig den Elektronikfachhändler nach der neuesten Ausgabe von *Assassin's Creed* fragt, damit die Playstation am Abend endlich wieder ordentlich rotiert.

Hogwarts, das ist in unserer Zeit das Synonym einer Märchenwelt, die wir uns so einrichten, damit wir es möglichst flauschig und gemütlich haben. Das Leben soll schön sein, bunt und gut. Alles ist möglich. Wir wollen niemanden, der uns dabei stört, wenn wir unser inneres Gleichgewicht suchen. Wir haben das kritische Denken ausgehebelt und an dessen Stelle ein wackeliges Glücksgebäude errichtet. Wir orientieren uns nach dem Grundsatz: Richtig ist, was sich gut anfühlt. Es ist eine Art Eskapismus, den wir praktizieren, eine stille Flucht vor der Realität.

Mittlerweile sind der Glaube an die Wirksamkeit von Globuli und Bachblüten fest in der Mitte der Gesellschaft verankert. Unsere Generation kehrt zwar den herkömmlichen Religionen den Rücken zu, bastelt sich aber ihre eigenständigen Heilslehren aus den Ideen Rudolf Steiners, dem Sufismus, der Kabbala, dem Hinduismus und dem Buddhismus zusammen. Ein bisschen von hier, ein bisschen von da und – voilà! – schon fühlt man sich wieder wohl geborgen im chaotischen und unübersichtlichen 21. Jahrhundert.

Der Vorteil dabei ist, dass der Glaube, weil austauschbar, wöchentlich wechseln kann. Glaubt man von heute auf morgen aus unerfindlichen Gründen nicht mehr an eine Wiedergeburt oder an endlose Reinkarnationen, wie sie im Hinduismus prophezeit werden, dann entfernt man jenes Glaubenselement einfach aus seinem spirituellen Klettergerüst und fokussiert sich stattdessen auf einen ganz anderen Aspekt in seiner Weltanschauung. Finden wir einen strafenden und rächenden Gott doof, dann biegen wir ihn uns eben so hin, damit es passt. Man nennt das gemeinhin gerne den »Supermarkt der Religionen«.

Ich selbst bin Agnostiker, weiß also nicht, ob es einen Gott gibt oder nicht. Ich glaube nicht, dass es ihn gibt. Wenn aber doch, muss er so ein Woody-Allen- oder Loriot-Typ sein, der sich einen Riesenspaß daraus macht, die Menschen da unten auf der Erde gegeneinander auflaufen zu lassen. Ich meine, es ist doch vollkommen absurd, was hier abgeht. Alles Stoff für eine grandiose Komödie! Die Menschen stehen sich permanent gegenseitig im Weg herum und versuchen einander auszutricksen. Jeder will im rechten Licht glänzen. Überall herrscht gekränkte Eitelkeit. Wie sich der Mensch abmüht, eine gute Figur abzugeben, ist einfach wunderbar komisch.

Der Glaube und die Religion waren etwas, worüber man vor einiger Zeit noch richtig schön streiten konnte. Aber auch das geht nicht mehr. Zumindest in meiner Generation. Die Harmoniekultur macht jede Argumentation überflüssig. Als ich einmal mit einem Freund im wahrsten Sinne des Wortes über Gott und die Welt philosophierte, fragte ich ihn, wie er nur an die Bibel glauben könne. An die Jungfrauengeburt, die Arche Noah, Sodom und Gomorra und so weiter. An so was glaube doch kein normaler Mensch, sagte ich. Richtig, meinte er, daran glaube er natürlich auch nicht. Überhaupt sei für ihn nicht das Alte, sondern nur das Neue Testament relevant. Ich argumentierte wieder dagegen. Er meinte, man könne natürlich nicht an alles glauben, wichtig seien doch nur die Passagen mit Jesus. Ich sagte, es gebe eine Passage, in der Jesus der Menschheit den Krieg erklärt: »Ich bin gekommen, um das Schwert zu bringen.« Ich dachte, jetzt habe ich ihn. Doch mein Kumpel meinte nur, habe er noch nie gehört. Und wenn schon! Was spiele das für eine Rolle, wenn das da drin steht. »Wichtig ist doch nur, dass Jesus Gutes getan hat.« Was soll man da noch ernsthaft drauf erwidern.

Symptomatisch an dieser Situation war, dass wir uns die Dinge so zurechtlegen, damit sie für uns ganz individuell passen. Man kann Katholik oder Protestant sein und an 99,9 Prozent aller Dinge, die in der Bibel stehen, nicht glauben. Man kann sein Christentum auch vermengen mit der Wahnsinnsidee, wonach Jesus in Indien gestorben ist. Ja, auch diese Theorie existiert, und ein paar Spinner gibt es, die das wirklich glauben. Ein anderer guter Freund hat sich seine ganz eigene Privatreligion aus Jesus, Sokrates und Buddha zusammengebastelt. Darüber streut er, sozusagen als Würzmischung, noch eine Prise hinduistischer Brosamen. Es ist fast so wie in dem Roman *Schiffbruch mit Tiger*, in dem sich der Protagonist Pi gleichzeitig als Christ, Hindu und Moslem begreift. Wie schon gesagt: Alles geht!

Wir schustern unser Weltbild zusammen, wie wir es gerade brauchen. Selbst wenn alle Fakten gegen die Wirksamkeit von homöopathischen Mitteln sprechen, schwören wir darauf, weil es uns eben so gut gefällt. Vor mehr als 200 Jahren kam der Königsberger Philosoph Immanuel Kant zu der Erkenntnis: »Aufklärung ist der Ausgang des Menschen aus seiner selbst verschuldeten Unmündigkeit.« Aufklärung, dieses große Wort.

Aufklärung bringt immer Licht ins Dunkel. Wenn ein Kind auf einmal erfährt, dass die Weihnachtspäckchen nicht das Christkind beziehungsweise der Weihnachtsmann bringt. Wenn es lernt, dass Babys nicht vom Storch angeliefert werden. Oder wenn eine Gesellschaft sich von der Knechtschaft der Kirchen, dem Opium des Aberglaubens und dem Dogma der Theologie entzieht, dann ist das Aufklärung.

Doch obwohl unsere Vorfahren mühsam den Weg zu einer klareren Sicht auf die Dinge gebahnt haben, machen wir sie mit unserem Glauben an Glück und Globuli wieder zunichte. Eigentlich ein Widerspruch, für rationale Menschen wie uns, um an solchem Schabernack Gefallen zu finden. Eine pragmatische und im Grunde rationale Generation, die an irrationalen Humbug glaubt? Der Jugendforscher Bernhard Heinzlmaier sieht darin keinen Widerspruch. »Obwohl es was Irrationales ist, kann man dem als rationalen Plan folgen«, sagt er. »Die Esoterik ist sehr gut durchkalkuliert. Es gibt für alles irgendwas. Einen Stein gegen Kopfschmerzen und so weiter.«

Laut dem Religionsmonitor 2013 der Bertelsmann-Stiftung hat Religion nur noch für 30 Prozent der unter 30-Jährigen eine Bedeutung. Werte wie Familie und Freunde kommen auf je 99 Prozent, Freizeit auf 96 und Arbeit/Beruf auf 92. Sogar Politik empfinden 52 Prozent als »wichtigen Lebensbereich«. Waren im Jahr 1950 nur 4,4 Prozent der Bevölkerung konfessionslos, waren es im Jahr 2010 30,3 Prozent. Immer weniger Menschen bezeichnen sich als gläubig. Man könnte auch sagen: Je jünger, desto ungläubiger, was tradierte Religionen betrifft.

Alles in allem ist unsere Generation enorm empfänglich für den Aberglauben.

So auch Carolin Georgi. Carolin heißt nicht wirklich so. Man kann sie unter ihrem echten Namen leicht im Internet finden – genauso wie ihr Geschäftsmodell. Für mehrere hundert Euro bietet sie Kunden esoterische Heilmethoden an. Unter anderem sogenannte Heilreisen. Damit sind keine Reisen zu den unzähligen Thermalquellen in Deutschland gemeint. Auch kein Gesundheitstrip ans Tote Meer oder eine Auszeit in einem französischen Badeort zum Ausspannen. Bei einer Heilreise sitzt man auf einem Stuhl in einem Zimmer. Carolin »leitet« und »begleitet« dann den Klienten/Patienten auf seiner »inneren Reise«. Wohin die Reise geht, ist nicht ganz klar. Selbst- und Fremdwahrnehmung gehen da ziemlich auseinander. Für kritische Außenstehende endet eine solche Heilreise schon mal in einer Sackgasse. Voraussetzung für das eigene Wohlbefinden ist, dass man auch daran glaubt. Denn eine Reiseversicherung gibt es für so einen Ausflug selbstverständlich nicht. Für eine Stunde »heilreisen« können schon mal an die hundert Euro anfallen. Summen, die teilweise völlig reguläre Arztbesuche übersteigen.

Carolin wurde 1984 geboren. In gewisser Weise steht sie exemplarisch für unsere Generation. Kurz nach dem Abitur nahm sich Carolin erst einmal eine Auszeit vom Leben. Den ganzen Schulstress endlich loswerden und das Leben so beginnen, wie es die Generationen vor uns sanft ausgeläutet haben: mit einer Weltreise. Ihr Trip führte Carolin nach Thailand, Vietnam, Australien, Südafrika, New York, Philadelphia und Kalifornien.

»Finanziert haben mir das meine Eltern«, sagt sie. Selbst hätte sie sich das nie leisten können. »Sie haben einfach verstanden, dass das Leben noch hart genug für mich wird. Da haben sie mir erstmal eine Pause gegönnt.«

Ob das nicht Luxus sei? »Vielleicht. Aber es herrscht auch ein irres Konkurrenzdenken, und man hat das Gefühl, da mithalten zu müssen.«

Carolins Eltern sind Lehrer. Beide verdienen gut, wenn auch nicht übermäßig viel. Es gibt kein großes Erbe in der Familie. Niemand hat im Lotto gewonnen. Die Eltern machen Urlaub an der Nordsee, in Österreich und Italien. Carolin sagt, es ziehe die Eltern nicht in die Ferne, so wie sie selbst.

Nach vier Monaten, Tausenden Kilometern und zwischenmenschlichen Abenteuern landet Carolin wieder mitten in Frankfurt. Sie überlegt, wie es mit ihr weitergehen könnte. Mit einer Freundin beschließt sie, Philosophie zu studieren. Aber es stockt. Schon bald merkt sie, wie eintönig Vorlesungen sein können, wenn man sich für den falschen Studiengang entschieden hat. Sie bricht ab und entscheidet sich schließlich für Biologie. Während des Studiums jobbt sie in den vorlesungsfreien Wochen im Labor eines großen industriellen Kosmetikherstellers.

Dann der Bruch. Obwohl in einem naturwissenschaftlichen Fach bestens aufgehoben, wendet Carolin den etablierten Wissenschaften den Rücken zu. Es zieht sie hin zur Esoterik. Oder wie sie es nennt: Alternativmedizin und Naturheilkunde. Sie habe während ihres Studiums viel Weisheitsliteratur gelesen, Osho, Castaneda, die *Bhagavad Gita* (die sie liebevoll nur Gita nennet). Es sei ihr wie

Schuppen von den Augen gefallen. Sie sagt, sie habe sich wie Neo aus den *Matrix*-Filmen gefühlt, der plötzlich entdeckt, dass die wirkliche Welt hinter der uns sichtbaren verborgen liege. Dass sie je für die Industrie gearbeitet hat, ist ihr eine Last, die sie noch heute auf ihren Schultern mit sich herumträgt.

»Ich glaube einfach, dass es mehr gibt, als wir sehen. Und ich glaube, dass unsere westlichen Wissenschaften in einem starren System gefangen sind. Sie lassen zu wenig äußere Einflüsse zu.«

Carolin bemüht sich um verschiedene Ausbildungen: Reiki, Homöopathie, Feng Shui und eine Palette weiterer Heilpraktiken. Sie entdeckt die Energie von speziellen Wassern, nimmt Kurse in Auraheilung und Lichtarbeit. Sie hört auf, tierische Produkte zu konsumieren, und gibt sich den Namen einer indischen Göttin. Auch ihr Lebensgefährte nennt sie inzwischen so und nicht bei ihrem richtigen, bürgerlichen Namen. Während unseres Gesprächs zeigt mir Carolin ein Foto mit einem Liebesschloss, das sie außerhalb von Frankfurt aufgehängt haben. Darauf steht der Name ihres Freundes – und ihr indischer Name.

Für die meisten ist Carolin ein ganz normaler Mensch. Einige allerdings sehen in ihr einen Freak, manche sogar eine Erleuchtete. Das Geld reiche noch nicht zum Leben, also zum Gutleben, sagt Carolin. Sie komme aber über die Runden. Sie will nun anderen helfen, ihre Erfahrungen zu machen, das Wesen der Dinge zu erkennen, der Seele auf den Grund zu blicken. Vorausgesetzt natürlich, dass Geld fließt.

Carolin ist nicht alleine in ihrer Anschauung über so grundsätzliche Dinge wie Medizin, Spiritualität und die Wissenschaft. Da wir niemandem mehr vertrauen, der uns die ersten und letzten Dinge erklärt, erledigen wir den Job einfach selber. Oft sind es Phasen der Orientierungslosigkeit, die Menschen verführbar machen. In einer Generation der Orientierungslosen ist der Drang nach Weltdeutung demnach ausgesprochen groß. Mit den traditionellen, monotheistischen Religionen können wir nicht mehr viel anfangen. Stattdessen glauben wir an eine »höhere Macht«, an eine »universelle Energie«, an die ausgleichende Gerechtigkeit des Karma. Wir konsultieren spirituelle Kurse, Coaching-Seminare oder Self-Help-Bücher – irgendwas gibt es immer, womit wir uns über den tristen Alltag hinwegzutrösten versuchen. Die Beratungsindustrie boomt auch deshalb, weil keiner mehr alleine weiter weiß.

Vielleicht kommt irgendwann die Erkenntnis, dass man das Glück nicht erzwingen kann. Ein österreichisches Sprichwort sagt: Das Glück is a Vogerl. Genau wie ein Vogel ist auch das Glück schwer zu fangen. Aber wir lechzen so sehr danach. So wie der Esel, dem eine Karotte vor dem Maul baumelt. Das Glück – es ist das Benzin unserer Tage.

Vor einigen Jahren saß ich einmal mit einem Bekannten zusammen. Wir sprachen über dies und das. Er erzählte von seinem letzten Urlaub und seiner Arbeit im Büro, von der er eher schlecht als recht leben könne, die ihn aber dennoch glücklich mache. Er ist ein gnadenloser Positivdenker. Dann sagte er: »Die Welt ist so schön.« Ich wollte kein Spielverderber sein, musste aber dennoch nachfragen, ob man wirklich sagen könne, die Welt sei so schön, es gäbe da doch so ein paar Kleinigkeiten: Afrika, Terror, Armut, Hunger und dergleichen. Darauf fragte mein Bekannter, warum ich so negativ eingestellt sei. »Man muss doch die schönen Seiten im Leben sehen.«

LIEBE, SEX UND ZÄRTLICHKEIT

»Wenn man Schwänze, Sperma und andere
Körperflüssigkeiten ekelhaft findet, kann man das
mit dem Sex auch direkt bleiben lassen.«
— Helen Memel (Feuchtgebiete)
»Mir fehlen die Worte,
ich hab die Worte nicht,
dir zu sagen, was ich fühl'.«
— Tim Bendzko

Ich bin mit einem Freund in einem Straßencafé. Mitten im mittesten Mitte von Berlin. Es ist später Frühling. Wir genießen die frische Luft und freuen uns, endlich wieder draußen sitzen zu können nach einem so unglaublich langen Elendswinter. Wir trinken irgendwas Prickelndes und plaudern so vor uns hin. Dabei gucken wir die Menschen an, die an uns vorbeiziehen. Wir reden gerade über Belangloses, als mein Kumpel wie vom Blitz getroffen brüllt: »Die Frauen sehen doch heute alle aus wie Nutten!«

Bämm, das saß. Vor geistiger Verwirrung weiß ich nicht, wo mir der Kopf steht. Ich frage nochmal nach, was denn gerade los war. »Mal ganz ehrlich«, sagt mein Buddy, einer Elfe nachblickend, »so wie sich früher nur Prostituierte angezogen haben, so rennen doch heute alle Weiber rum.«

Ob er das ernst meine. Er sagt: »Die zwanzigjährigen Mädels heute haben zwar unendlich mehr Stil, aber sie geben genauso viel von sich preis wie damals nur Bordsteinschwalben.« Er sagt wirklich »Bordsteinschwalben«. Dann legt er gleich eine Entschuldigung nach, man dürfe so etwas ja nicht sagen, aber so denke er nun mal.

So denkt es in ihm.

Mein Kumpel, dessen Namen ich hier lieber nicht schreibe, ist weder ein Sexist noch ein Hardcore-Islamist, der beim geringsten Anblick weiblicher Haut schon über eine Steinigung fantasiert. Er ist ein liebenswerter junger Erwachsener, aufgeschlossen, liberal, freundlich, steht politisch irgendwo zwischen Grünen und Piraten und ist im Umgang mit Männern wie auch Frauen ausgesprochen locker. Und doch sagt er diese Sätze, die ich ihm, dem modernen Mann schlechthin, nicht zugetraut hätte.

Man kann den Eindruck gewinnen, das junge Deutschland sei heute ein einziges Feuchtgebiet. So hat es wahrscheinlich in meinem Kumpel gedacht. Es stimmt ja auch, die Menschen werden immer freizügiger, aufgeschlossener, lockerer, was den Umgang mit ihren Körpern und ihrer Sexualität betrifft. Nachdem mein Buddy seine Offenbarung kundgetan hatte, habe ich mich gefragt, ob ich das auch so sehe, dass junge Frauen von heute aussehen wie die Nutten von gestern. Ja und nein. In manchen Fällen denke ich so, in den meisten aber nicht. Ich glaube, das Bekenntnis meines Kumpels sagt weniger über die heute junge Frauengeneration aus als vielmehr darüber, wie die Generation Maybe über Sex denkt.

Als ich in den darauffolgenden Tagen einige Leute mit den Aussagen meines Kumpels konfrontiere, gehen die Meinungen auseinander. Das Echo ist geteilt, doch es hallt von zwei Seiten völlig unterschiedlich. Während ein überwiegender Teil der Männer die Sicht meines Kumpels nach mehrmaligen Nachfragen teilt, sehen das alle jungen Frauen überhaupt nicht so. Und umgekehrt: Allein die

Frage, ob Männer heute auch irgendwie aufreizender rumrennen als früher, entlockt allen nur blanke Ratlosigkeit. Vielleicht weil Männer eher auf Primärreize reagieren als Frauen. Irgendwie scheint da aber etwas zu sein mit der Art, wie wir auf unsere Körper blicken. Dass junge Männer und Frauen einen unterschiedlichen Blick auf die Dinge haben, ist nicht neu. Wie es in den Geschlechtern heute denkt, schon eher. Was automatisch zu der Gretchenfrage unserer Zeit führt: Wie halten wir's eigentlich mit dem ganzen Sexdings?

Also: Ist das junge Deutschland ein einziges Feuchtgebiet? Es ist wohl ein bisschen so wie in Charlotte Roches gleichnamigen Roman, wo die Protagonistin Helen mehr über Sex nachdenkt und an ihrem Körper leidet, als dass Genuss und Freude damit verbunden wären. Aber das liegt wahrscheinlich auch daran, dass sie die ganze Romanstrecke über, ans Krankenbett gefesselt, vor sich hin philosophiert.

Wann eine Ära begonnen hat, ist hinterher immer schwer zu sagen. Das Jahr null gibt es nicht. Schon gar nicht, wenn es um Liebe, Sex und Zärtlichkeit geht.

Oder Pornowonderland.

2007 schrieb der *Stern*, die deutsche Jugend sei »voll Porno«, habe immer früher immer härteren Sex, und daran sei ihr Konsum von Pornos schuld. Nicht erst seitdem geistert das Schreckgespenst der Pornografisierung durch die Öffentlichkeit so wie im 19. Jahrhundert das Gespenst vom Kommunismus. Ist es das, was der *Stern* uns sagen wollte? Porno lässt die Köpfe und Hirne gefährlich rot anlaufen, Puffs sind die neuen Gulags, YouPorn ist eine riesige Propagandamaschine, um die Jugend auf Kurs zu halten, und Gina Wild ist die große Vorsitzende, die nicht von Breschnews Moskau, sondern von Sasha Grey aus dem San Fernando Valley in Kalifornien ferngesteuert wird?

Nicht nur laut dem *Stern* ist Porno plötzlich überall und damit auch dort, wo man gut und gerne darauf verzichten würde: im Theater, der Ausstellung, im öffentlichen Bus, wo die Kids sich völlig ungeniert auf ihren Smartphones die neuesten Sex-Schnipsel reinziehen, in der U-Bahn, wo die Party-Maus ihren Mädels in allen Details vom letzten One-Night-Stand erzählt. Oder eben wenn der Blick meines Buddys eine leicht bekleidete Dame streift. Überall lärmt die schrille Pornosirene.

Die Pornografie als Wirtschaftszweig war bisher ein Männermarkt. Inzwischen hat man erkannt, dass auch Frauen für explizite Darstellungen empfänglich sind – und dafür zahlen. Der Markt für Frauenpornos ist noch ziemlich am Anfang, hat aber enormes Potential nach oben. Vor einigen Monaten habe ich die schwedische Regisseurin Erika Lust kennengelernt. Wir trafen uns im Soho-House an der Berliner Torstraße, einer exklusiven Absteige für exklusive Menschen. Madonna, George Clooney und Matt Damon übernachten hier, wenn sie in Berlin sind. In dieses Haus kommt nicht jeder rein. Man muss eine Mitgliedschaft erwerben, um Eintritt zu bekommen. Private Member Club heißt das. Ich habe für solche Späße weder das Geld noch das Interesse. Daher muss mich Erika Lust einladen und an der Rezeption anmelden, damit ich reinkomme. Ich fahre die paar Stockwerke hoch in die Lounge, die mit gemütlichen, aber doch sehr an schlechte Pornofilme erinnernden Stoffsofas ausgestattet ist. Erika Lust ist in Berlin, um ihren neuen Film *Cabaret Desire* zu bewerben. *Cabaret Desire* sind 75 Minuten seriöser Porno. Gleichberechtigung pur. Niemand unterwirft niemanden.

Frauenkörper nicht als austauschbare Objekte, sondern als individuelle Subjekte.

Erika Lust wurde 1977 geboren und lebt schon lange in Barcelona. Dort baut sie an ihrem feministischen Porno-imperium. Sie will die Pornografie aus der Schmuddelecke führen und auch für Frauen zugänglich, reizvoll und schmackhaft machen. Ihre Pornos sollen sich richtig anfühlen. Lust sagt, weil die Gesellschaft heute so stark pornografisiert sei, möchte sie dem einen vernünftigen Kanal geben, die Sache in richtige Bahnen leiten. So will die Generation Maybe nämlich Pornos: konsumierbar für alle!

Auf ihrem Notebook zeigt mir Erika die bösen Pornos aus den USA, voller Silikonbrüste, Collagenlippen und Wasserstoffblondierung. Wo die Frau zum Abfalleimer männlichen Ejakulats degradiert wird. Schlimm sei das, sagt Erika, so schlimm. Mit ihren Kerzenlicht- und Rosen-blätterpornos möchte sie ein Gegenangebot zu den phal-lusgesteuerten Filmen der Massenproduktion schaffen.

»Wir schauen einfach gerne anderen Menschen beim Sex zu«, sagt sie. Aber dabei solle es doch bitte ein wenig realer zugehen als in den künstlichen Filmen, wo Frauen mit Riesenbrüsten Männer mit Riesenschwänzen dauer-befriedigen.

Neben dem Pornoalltag, den mein Kumpel von vorhin schon bei einer vorbeischwebenden jungen Dame wüten sah, ist natürlich auch unser Sexleben so pornografisch wie noch nie. Romantik, Liebe und Beständigkeit bedeuten uns dennoch wahnsinnig viel. Es ist ja nicht so, dass wir uns die ganze Zeit vor lauter Erregung gar nicht mehr im Zaum halten können.

Machen wir es dingfest, holen wir wieder eine Studie

heran. Laut einer Allensbach-Befragung aus dem Jahr 2012 sagen 71 Prozent der 16- bis 29-Jährigen:»Für eine glückliche Beziehung kommt es doch vor allem darauf an, dass man sich liebt. Alles andere ist da nebensächlich.« Wirklich, auch Sex? Unter den 30- bis 44-Jährigen jedenfalls sehen das nur noch 48 Prozent so. Und unter den 45- bis 59-Jährigen gar nur 41 Prozent. Die dauerhafte Liebe ist demnach das Ideal, das wir anstreben. Doch noch nie war es so leicht wie heute, so viele Menschen kennenzulernen. Wir können ja über Facebook und all den anderen »Scheißdreck« heute in jedes Wohnzimmer reinschauen. Da kann es schwerfallen, sich zu entscheiden. Sich festzulegen. Es könnte ja nicht der oder die Richtige sein.

In der US-Serie *Girls* ist die Protagonistin Hannah in einer On-Off-Beziehung mit Adam, einer Künstlernatur mit unregelmäßigen kreativen Ausbrüchen. Adam hockt meistens in seiner Wohnung. In seltenen Anfällen überkommt ihn ein enormer Betätigungsdrang. Dann fängt er an, Holz zu bearbeiten, weil er »was mit seinen Händen« machen will. Ganz nach der Devise: völlig unabhängig, frei sein, nur sich selbst verantwortlich. Er würde nie Geld von seinen Eltern nehmen, sagt er, die hätten sowieso einen an der Klatsche. Und doch lebt Adam, wie er wenig später gegenüber Hannah gesteht, von den 800 Dollar, die ihm seine Oma monatlich überweist.

Der Sex zwischen Hannah und Adam ist Porno in Reinform. Im Grunde handelt es sich bei den akrobatischen Turnübungen um keinen Sex – Adam holt sich an Hannah schlicht einen runter, so mechanisch (und manchmal auch umständlich) gestaltet sich der Akt zwischen den beiden. Hannah lässt all das mit sich machen. Und doch ist sie eigentlich auf der Suche nach einer erfüllenden Beziehung.

Auf der Suche nach jemandem, bei dem sie sich fallen lassen kann, sich nicht verstellen muss, nicht stark sein muss, sondern nur sie selbst. Der chronisch unterkühlte Adam treibt Hannah letztlich in eine emotionale Sinnkrise nach der anderen. Auch die kaputtgeliebte Beziehung zwischen Hannahs bester Freundin Marnie und deren Freund Charlie gestaltet sich umständlich, weist passiv-agressive Züge auf, und nicht einmal der Versöhnungssex will so recht klappen.

Die Serie, die auf dem für hochwertige Produktionen bekannten amerikanischen Bezahlsender HBO läuft, hat einen Nerv getroffen. Wahrscheinlich weil Lena Dunham, die in der Serie Hannah verkörpert – und auch Regisseurin, Drehbuchautorin und Erfinderin in Personalunion ist –, aus ihrem eigenen Leben berichtet. Ungeschönt und mit aller Härte. Vom brutalen Schmerz, der absolute Durchschnitt ihrer Generation zu sein.

Girls wurde vom *Time Magazine* bis zur *New York Times*, vom *Spiegel* bis zur *Süddeutschen Zeitung* frenetisch gefeiert. Die Serie verhandelt Themen wie Beziehung, Liebe, Sex und Freundschaft in ungeschöntem Realismus. Ganz im Gegenteil zum oberflächlich-glitzernden *Sex and the City*, das ebenfalls von vier Frauen im Großstadtdschungel New York erzählt. Schwankte die Darstellung von Sex hier noch zwischen Sinnlichkeit und Satire, ist er bei *Girls* einfach nur noch schonungslos. Eine Episode brach sogar mit dem Tabu, männliches Ejakulat im Fernsehen zu zeigen. Ein Tabu, das bisher selbst bei den eher lockeren amerikanischen Bezahlsendern wie HBO galt. Wer sich das ansehen will: 2. Staffel, Episode 9 »On all Fours« oder zu deutsch »Auf allen vieren«.

Girls verleiht dem lethargischen und oftmals resignierten Gefühl unserer Generation einen Ausdruck. Da unterscheidet sich die amerikanische Generation junger Erwachsener kaum von der deutschen. Man sagt ja, junge Großstädter aus unterschiedlichen Ländern ähneln sich heute mehr als so manche Landsleute. Der 30-jährige Berliner ist dem 30-jährigen New Yorker wahrscheinlich näher als dem 50-Jährigen Kölner. Das verbindende Element ist nicht mehr die Nationalität oder der Wohnort, sondern der Zeitgeist, der Blick auf die Dinge.

In unserer Zeit sind alle ständig »oversexed but underfucked«. Von jeder Seite werden wir mit nackter Haut bespielt. Selbst Demonstrationen kommen seit der ukrainischen Feministen-Truppe Femen nicht mehr ohne nackte Haut aus. Die weiblichen Popstars sind heute eher Nudistinnen als Künstlerinnen. Rihanna, Lady Gaga, Miley Cyrus. Wer ganz nach oben will, kommt schneller voran, wenn er seinen Körper richtig einsetzt.

Unser Verhältnis zur Körperlichkeit ist zwar tausend Mal offener und liberaler als vor fünfzig Jahren. Aber es ist auch ein wenig gezwungener, krampfiger und unsinnlicher geworden. Eine Branche, die schon gar nicht mehr auf Porno verzichten kann, ist das Theater. Theater kann heute fast nur noch neue, junge Besucher anziehen, wenn sich auf der Bühne wer nackig macht. Regietheater heißt das dann. In vielen Produktionen bleibt kaum noch Platz für Interpretation. Theater lebt zwar von Andeutungen. Heute hingegen ist vieles nur noch explizit. Im Mai 2013 fragt die *Bild*: »Warum werden in der Volksbühne in Berlin ständig Pornos gezeigt?«.

Gute Frage. Dann führt *Bild* gleich drei Sex-Stücke auf, die zeitgleich auf Berliner Bühnen gegeben werden: *Porn of Pure Reason*, das *12-Spartenhaus* und *Club Inferno*.

Wer jetzt denkt, wir seien die »Generation Porno«, irrt. Während wir um Pornografie gar nicht mehr herumkommen, weil sie sich in unsere Gesellschaft unauslöschlich eingebrannt hat, sehnen wir uns zugleich nach Romantik, Zweisamkeit und der einen großen Liebe. Man muss sich nur den Trend zu den Liebesschlössern vergegenwärtigen, der seit den nuller Jahren massiv zugenommen hat. Liebespaare gravieren ihre Namen oder Initialen auf einem kleinen Vorhangschloss ein und hängen es an Brücken, Türme oder Treppengeländer. Seit 2008 geht das etwa in Köln so – inzwischen sollen auf der Hohenzollernbrücke an die 50 000 Liebesschlösser hängen.

Um das Liebesbedürfnis meiner Generation zu messen, reicht schon ein flüchtiger Blick auf die Titelzeilen des Zeitgeistbarometers *Neon*.

Ein kleiner Überblick:

- Hält deine Liebe für immer? (2/2011)
- Geliebte Nervensäge (3/2011)
- Guter Job oder gute Liebe (4/2011)
- Lieb mich, wie ich bin! (6/2011)
- Jetzt sofort verlieben! (8/2011)
- 66 Fragen an die Liebe (10/2011)
- Abenteuer oder Liebe (12/2011)
- Macht dich Liebe klüger? (2/2012)
- Verliebst du dich zu leicht? (7/2012)
- Was tust du für die Liebe? (9/2012)
- Sind wir ein gutes Paar? (12/2012)
- Für immer verliebt (5/2013)
- Freiheit oder Liebe (8/2013)

Kein einziges Mal finden wir das Wort Porno auf dem *Neon*-Titel. Selbst wenn manches Cover mit pornografischer Ästhetik spielt. Etwa bei der Ausgabe aus dem August 2013, die vier hippe Nackedeis auf dem Cover zeigt, obwohl es eben nicht um Sex, sondern um Liebe geht. Der Eindruck ist trotzdem der, dass die vier Nackten kurz nach dem Covershooting übereinanderherfallen könnten, um eine wilde Rammelorgie zu veranstalten.

Was man an den *Neon*-Titeln ablesen kann: Der Wunsch nach Liebe ist da. Nur so richtig klappen will es damit irgendwie nicht. Das verraten die im Ratgebertonfall verfassten Titel. Liest man sich die Zeilen durch, beschleicht einen das Gefühl, bei unserer Generation müsse es sich um sozial erkaltete Gefühlsautisten handeln, für die Liebe ein Fremdwort ist. Oder ein Begriff, den man sich erst mühsam erlesen muss. Aber so leicht ist es natürlich nicht. Weil wir alles dürfen, auch sexuell (solange der andere oder die andere dabei nicht zu Schaden kommt). Mann kann mit Mann, Frau mit Frau und Frau, Mann mit Frau und Mann, Frau mit verheiratetem Mann und dessen Ex, alles gleichzeitig, überall und immer. Niemand hindert einen heute daran, seine Sexualität auf die Art und Weise auszuleben, wie es einem gefällt, außer die eigene Scham und Eifersucht. Keine Kirche, kein Staat. Berliner Clubs wie das Berghain, der Kitkat-Klub oder Ficken 3000 sind dafür berüchtigt, dass einem auf den Dancefloors die Geschlechtsteile von wildfremden Menschen entgegenfliegen. Orte, wo niemand so richtig daran Anstoß nimmt, wenn zwischen zwei Cocktails mal schnell eine Nummer an der Bar geschoben wird. Im Beisein Hunderter Clubgänger.

Körperlichkeit hat unter uns Jungen einen so hohen Stellenwert eingenommen, dass wir dank Charlotte Roche wissen, was eine Analfissur ist. Im Gegensatz zu den fik-

tiven Aufzeichnungen der Wiener Dirne Josefine Mutzenbacher um 1900 geht bei der Roche allerdings der Spieltrieb verloren. Die Notizen der Mutzenbacher, die nach
herrschender Lehrmeinung in Wirklichkeit von keinem
Geringeren als dem Bambi-Erfinder Felix Salten stammen, sind voll von Inzest, Pädophilie und dem Ausprobie-
ren von allen nur erdenklichen Sexualpraktiken. So heftig
und igitt die Thematik, so locker der Umgang im geschrie-
benen Wort mit ihr. Bei Roche ist es genau umgekehrt:
Die Thematik juckt schon niemanden mehr, und dennoch
herrscht auf jeder Seite der *Feuchtgebiete* purer Krampf.
Damit trifft es die Roche sehr gut. Porno, Sex und Intim-
körperlichkeit sind heute omnipräsent. Den leichten und
spielerischen Umgang damit scheinen wir hingegen ver-
lernt zu haben.

Porno ist wie Krieg. Nur, statt geschossen wird gefickt.
Früher haben die Frauen ihre Männer an den Krieg verloren, heute verlieren sie ihre Männer oft an den Porno.
Mit dem Unterschied, dass Krieg Pflicht war und Porno
eine Sucht sein kann. Pornos sind weder gut noch schlecht.
Sie sind einfach da. Es ist genau wie mit Alkohol – die
Dosis macht das Gift. Manche Männer kriegen das nicht
hin, verwedeln ihre Freizeit vor dem Computer und haben
kein natürliches Verhältnis mehr zu Frauen.

Seit Pornos legal und überall erhältlich sind, sinken
nachweislich die Vergewaltigungsraten. In Deutschland
wurden Pornos im Jahr 1973 legalisiert, seither gehen die
Sexualdelikte konstant zurück. Ein Blick nach Japan zeigt:
Dort werden die härtesten Vergewaltigungs-, Bondage-,
BDSM- und Bukkakefilme gedreht und verbreitet. Gleichzeitig weist Japan die niedrigste Verbrechensrate im Bereich sexueller Gewaltdelikte auf. Die japanische Jugend

allerdings hat bereits gar keine Lust mehr auf Sex, wie neueste Umfragen ergeben. Jeder dritte Japaner unter dreißig gibt an, noch nie in seinem Leben ein Date gehabt zu haben. 45 Prozent der Frauen und ein Viertel der Männer unter 24 gestehen, kein Interesse an sexuellen Kontakten zu haben. Porno also als Heilsbringer oder als ultimativer Gefühlevernichter?

Sagen wir es so: Porno ist und bleibt eine Ersatzhandlung. Sie besteht heute aus nicht mehr als einem Mausklick. Wir sind die erste Generation, die permanenten, unbegrenzten und kostenlosen Zugang zu Pornografie hat. Man braucht nicht Akademiker zu sein, um festzustellen, dass so etwas eine Gesellschaft verändert. Ob uns Pornos nun fickriger oder lockerer, schärfer oder ängstlicher machen, weiß kein Mensch. Man wird es vermutlich auch nicht wissenschaftlich nachmessen können. Vor einigen Wochen habe ich gelesen, dass man keine Erfahrung hat, wie sich Pornografie auf Männer auswirkt, weil man keine Probanden für Vergleichsstudien findet, die noch nie einen Porno gesehen haben. Sämtliche Testobjekte sind bereits mit der »Droge« Pornografie kontaminiert. Porno ist einfach allgegenwärtig und hat längst Einzug in unsere suchmaschinenoptimierte Sprache gehalten. Wenn wir etwas gut finden und einen entsprechenden Superlativ benötigen, dann hängen wir einfach die Endung»-porn« an. Wordporn etwa für eine besonders gelungene Formulierung, Foodporn für verdammt leckeres Essen, Artporn für sensationelle Kunst.

Bei mir ging das alles schon recht früh los. Meinen ersten Porno habe ich gesehen, da war ich so um die neun oder zehn. Ich war wieder einmal zu Besuch bei meinem besten Freund Lucas. Er war zwar nur ein Jahr älter, in diesem Alter gleicht das allerdings Äonen. Er war mir also in allen Belangen um einiges voraus. Lucas war so etwas wie ein früher Mentor für mich. Bei ihm habe ich meine ersten *Mad*-Hefte gelesen, meinen ersten Monty-Python-Film gesehen und seine Comic-Sammlung verschlungen.

Eines Tages waren wir alleine bei ihm zuhause. Seine Eltern waren gerade einkaufen. Wir hockten im Wohnzimmer rum. Lucas sagte, er müsse mir etwas zeigen, ich solle mich vor den Fernseher setzen. Er kletterte an der riesigen Schrankwand empor und öffnete ein Türchen. Von dort zog er eine VHS-Kassette heraus, legte sie in das Videogerät und drückte auf die Play-Taste. Ein Film ging los. Alles darin sah ein wenig komisch aus. Die Einrichtung, die Darsteller, die Farben. So, als wäre er selbstgedreht, und dazu noch diese komische Hintergrundmusik, dieses sanfte, aber doch penetrante Gedudel. Die Schauspieler redeten alle recht merkwürdig und alle hatten dieses aufgesetzte schiefe Grinsen im Gesicht. Die Handlung war recht dünn, sie war sogar dürr, und spielte auf irgendeinem abgelegenen Schloss in den Bergen. Ich kann mich nur mehr erinnern, dass vornehme Erwachsene sich bei einem Empfang die Hände schüttelten. Wenige Minuten später waren die Gäste gar nicht mehr so vornehm und schüttelten ganz andere Sachen. Ich hatte begriffen: Vor meinen Augen spielte sich ein Sexfilm ab. Ein echter Sexfilm, einer von der Art, in der die Menschen wirklich Sex haben und nicht nur so tun, als hätten sie welchen. Man konnte alles sehen. Das, was die Lehrerin in der Schule beim Mann »Glied« genannt hatte und bei der Frau »Spalte« (sie sagte tatsächlich »Spalte«!). Völlig geschockt, aber auch fasziniert saß ich da und konnte meinen Blick zunächst nicht vom Fernseher abwenden. Wie bei einem Autounfall. Ich war ein Schaulustiger, der Film war der Crash. Schließlich konnte ich nicht mehr zusehen und musste mich abwenden. Nicht aus Scham, sondern aus Ekel. Mit Erotik hatte das für mich in dem Alter nichts zu tun. Für mich war das ein lupenreiner Horrorfilm. Bin ich froh, dass es damals noch keine HD-Auflösung gab. Wäre das noch expliziter gewesen, ich hätte wahrscheinlich heute noch Albträume deswegen.

Ich wusste zu dem Zeitpunkt schon, dass Babys nicht vom Storch gebracht werden, sondern dass sie aus dem Bauch der Mutter kommen. Aber ich wusste noch nicht, wie sie da zuvor hineingekommen waren. Schon im zarten Alter von acht gehörte die *Bravo* zu meiner wöchentlichen Stammlektüre, die mir den Unterschied zwischen Soft- und Heavypetting erklärte. Nur wenig später hatte ich bereits mit meinem Kumpel Nenad neben sämtlichen Filmen von Jean-Claude van Damme und Dolph Lundgren auch die komplette *Eis am Stiel*-Reihe rauf und runter geglotzt. Es ist kein einfaches Unterfangen, eine Sexkomödie wie *Eis am Stiel* im Grundschulalter durchzustehen. Aber es war um einiges einfacher als dieser Splattermovie, den ich bei Lucas gesehen hatte.

Nenad und ich, wir saßen da wie zwei Abgeklärte, noch bevor sie aufgeklärt wurden. Immer schön cool bleiben war die Devise. Unser Gesichtsausdruck muss etwas Robert-de-Niro- und Al-Pacino-Haftes gehabt haben. Ja nicht anmerken lassen, was wirklich in einem vorgeht. Ja nicht zeigen, wie peinlich berührt man eigentlich ist. Wie zwei alte weise Männer auf einer spanischen Parkbank unter schattenspendenden Palmen, mit diesem weltwissenden Weitblick. So haben wir uns letzten Endes selbst aufgeklärt, noch bevor Mama und Papa sich dazu durchringen konnten.

Heute gucke ich, gucken wir, Pornos ganz unbeschwert. So wie wir ganz selbstverständlich im Internet shoppen oder mit Mobiltelefonen unsere E-Mails abrufen. Es gehört zum modernen Leben, kein Weg führt daran vorbei. Als wir, die Generation Maybe, Kinder waren, haben wir *Bravo* gelesen und uns von Dr. Sommer und seinem Team in die Materie des zwischenmenschlichen Flüssigkeitsaustauschs einführen lassen. Während wir das Heft durchblätterten, hörten wir womöglich gerade Die fantastischen Vier, die uns diese leicht befremdlichen Zeilen vorsangen: »Gib mir deinen Saft, ich geb dir meinen«. Oder Salt 'n' Pepas *Let's Talk About Sex, Baby*. Im Musikvideo zu dem Song *Secret* rekelte sich Madonna so lasziv, wie es nur ging, und brachte jeden heranwachsenden Spross um den Verstand. Die Mädels hingegen flogen beim Anblick eines Robbie Williams, Jared Leto oder Nick Carter reihenweise in Ohnmacht.

Wir waren wenig später auch die erste männliche Generation, die nicht mehr zum Kiosk musste, um dort als Teenager schäbige Pornopostillen zu erwerben. Mit umständlichen Erklärungen und hochnotpeinlicher Schamesröte im Gesicht. Vielleicht kennen die Älteren unter uns diese Zeit noch. Doch schon wenig später waren wir die erste autarke Sexkonsumentengeneration. Mit dem Internet fand auch der unbegrenzte Pornokonsum Einzug in unsere Welt. Ein paar Mausklicks im sicheren Kinderzimmer reichten, um sich schnelle Befriedigung zu verschaffen. Kein peinliches Verstecken von Magazinen wie *Praline, Coupé, Playboy, Penthouse* oder *Hustler* war mehr nötig. Jetzt musste man nur noch seine digitalen

Spuren säubern, um sich das »befleckte« Gewissen reinzuwaschen.

Im Juli 2013 hat ZDFneo, der Haussender junger Erwachsener, ein neues Format gestartet. Ein Sexmagazin. In *Heiß & Fettig* plaudert der Journalist Thilo Mischke, Baujahr 1981, mit seinen Gästen über alles, was unter die Gürtellinie geht. Mischke hat in mehreren Büchern das Sex- und Liebesleben unserer Generation fachkundig dargelegt. Eines trägt den Titel *In 80 Frauen um die Welt*, ein anderes *Die Frau fürs Leben braucht keinen großen Busen*. Seine Show auf ZDFneo sei »wie Galileo mit Busen«, schreibt die *Süddeutsche Zeitung*. Das klingt nach Aufklärung und nach dem Versuch, schlüpfrige Themen seriös zu verpacken. Ein neuer Oswalt Kolle oder Dr. Sommer – ein Aufklärer also – wolle er aber nicht sein, so Mischke.

Weil ich gerne mehr über das »merkwürdige Verhalten geschlechtsreifer Großstädter zur Paarungszeit« wissen will und der gleichlautende Film schon mehr als ein Jahrzehnt zurückliegt, treffe ich mich mit Thilo. Ich will mir von ihm erklären lassen, wie das denn nun ist, mit uns und dem Sex. Denn wenn es so etwas wie einen Sexperten in unserer Generation gibt, dann ist er es. Vier Folgen von *Heiß & Fettig* sind zu dieser Zeit bereits im Kasten. Gedreht wurde auf St. Pauli, in der Rotlicht-Perle »Goldmarie«. In der Pro7-Reportage *Unter fremden Decken* machte er sich außerdem auf eine Weltreise, um das Sexverhalten unserer Generation im internationalen Vergleich zu ergründen.

Frage an Thilo: Ist unsere Generation, was Sex betrifft, wirklich so offen, wie sie immer tut?

Thilo überlegt kurz und sagt dann: »Wir sind genauso verkrampft wie früher, da hat sich tatsächlich nichts dran geändert.« Die Tabus hätten sich einfach nur verschoben. Zum Beispiel sei es heute ein Tabu, verklemmt zu sein. »Du musst als Mann oder Frau eine gewisse sexuelle Offenheit haben, sonst fällst du aus dem Raster. In einer Generation, die sich für alles offen zeigt, ist es ein Tabu zuzugeben, dass man etwas vielleicht nicht mag.«

Thilo Mischke hat zu unserem Gespräch seine Freundin mitgebracht. Sie haben sich schon lange nicht gesehen, weil beide ständig beruflich unterwegs sind. Während wir an diesem Samstagmorgen im Café sitzen und über »Penisse und Vaginen« reden, wie Thilo das nennt, sitzt seine Freundin am Nebentisch und nutzt die Zeit, um zu arbeiten. Von ihrem Laptop verschickt sie Nachrichten, schreibt Mails, lässt sich im Netz treiben.

Daneben erklärt mir Thilo – quasi als Frühstücks-teller – wie Pornografie unsere Schamgrenzen neu zieht: »Wir sehen, dass Oralverkehr heute weiter verbreitet und viel weniger tabubehaftet ist. Aber letztendlich nur, weil wir es so gelernt haben. Durch YouPorn und den Zugang zu Pornografie haben wir gelernt, dass Oralverkehr und Spermaschlucken Dinge sind, die eine Frau machen muss. Wenn man Umfragen macht auf Schulhöfen, wird jedes 16-jährige Mädchen sagen: Das ist vollkommen normal. Vor zehn, fünfzehn Jahren war das allerdings noch ver-pönt. Spermaschlucken war da noch etwas, was nur gaaaanz, gaanz komische Leute getan haben.«

Überhaupt hat sich viel verändert seit den Neunzigern. Spermaschlucken ist nun gesellschaftsfähig, Sexfilme im Fernsehen sind es nicht mehr. Früher liefen noch Sexfilme im Freitagabendprogramm von Sat.1. Das waren umge-schnittene Pornos, so dass man keinen Pimmel und keine Muschi sah. »Manchmal hat man aber ein bisschen mehr gesehen, und darauf hat man gewartet«, sagt Thilo. Kurze Pause. Dann brüllen wir los. Weil wir das einerseits wirklich komisch finden und uns andererseits gegenseitig ertappt fühlen.

Nachdem wir uns wieder beruhigt haben, stellen wir betrübt fest, dass heute keine Sexfilme mehr im Fernsehen gezeigt werden. Im Ersten laufen hin und wieder »anspruchsvolle Erotikfilme«. Also Filme, wo die Figuren mehr an ihrem Sex verzweifeln, als dass sie sich gehen lassen und gut finden, was sie da gerade tun. So komische Sachen wie *Intimacy*. »Oder maximal einen Tinto-Brass-Film«, haut Thilo raus und schiebt auch gleich eine Einordnung hinterher: »Die heute 14-Jährigen benützen Fernsehen nicht mehr als Masturbationsgrundlage. Die gehen ins Internet. Durch diese Liberalisierung klauen wir den Teenies eine wahnsinnig aufregende Herantastung an Sexualität. Es gehört zum Leben, sich mit Pornografie auseinanderzusetzen.«

Wieder holen uns die Golden Nineties ein. Thilo: »Ich habe das Gefühl, dass unsere Generation tatsächlich verklemmt ist – wieder. Geh mal mit Leuten nacktbaden. Das ist wieder mit einer viel größeren Scham verbunden, als unsere Eltern die empfunden haben.« Die alte, neue Verklemmtheit.

»In den Neunzigern ging es offener zu«, meint Thilo, »die jungen Erwachsenen damals hatten ihren Spaß. Und wir sind jetzt die, die irgendwie wieder eine Aufarbeitung leisten müssen. Das liegt vielleicht auch daran, dass die Sorgen andere sind. In den Neunzigern hattest du Techno, du hattest Party. Und jetzt beschäftigen wir uns mit anderen Dingen. Zum Beispiel, wann wir uns die erste Eigentumswohnung leisten können. Es geht nicht mehr darum, wann ich die geilste Party meines Lebens habe.« Und dann wirft Thilo seinen rhetorischen Dartpfeil ins Bull's Eye und bringt es auf den Punkt: »Heute ist alles Sicherheit.«

Ja, alles ist Sicherheit. Er sieht es so, ich sehe das so, die meisten sehen das so. Es geht unserer Generation um Sicherheit. Weil es keine Sicherheit mehr gibt, wollen wir sie so sehr. Sie bedeutet uns alles. Unser Motto könnte lauten: »no risk, more fun«.

Jetzt will ich aber wissen, was unser Sexperte von offenen Beziehungen hält, von Polygamie und dergleichen. Ohne mit der Wimper zu zucken sagt er: »Polygamie ist zum Scheitern verurteilt. Es ist eine nette Idee. Jeder hat mal so eine Phase. Offene Beziehung und derlei – das ist die Ausrede des Mannes, wenn er nicht fest mit einer Frau zusammenleben möchte. Aber der letzte Rückzugsort ist die monogame Beziehung. Dass Treue nicht immer funktioniert, ist eine Tatsache. Es ist nicht immer einfach, treu zu sein. Aber es ist Teil einer Beziehung, daran zu arbeiten und füreinander da zu sein. Ich sage mal so: Emotionale Treue ist die Grundlage und körperliche Untreue eine Tatsache von Beziehungen. Emotionale Untreue ist ein Grund für eine Trennung.« Und dann sagt er einen Satz, den man so Karl Lagerfeld in den Mund legen könnte: »Du kannst nicht fünf Personen lieben. Aber du kannst fünf Personen sexuell aufregend finden.«

Wir haben unsere eigene Form der freien Liebe gefunden, zwanglos, aber ein wenig verkrampft. Die Generationen vor uns haben in einer Art psychologischer Osmose den Sex von der Liebe getrennt. Wir können heute beide Formen der Nähe für sich ausleben. Wir können liebesentleerten Sex machen, wir können verkehrlos lieben. Am liebsten haben wir aber immer noch Sex und Liebe im

Doppelpack. Man muss nur seinen Mitmenschen zuhören, seiner Peergroup, den Leuten innerhalb und außerhalb der eigenen Comfortzone. Man kann einen Blick in die *Neon* werfen oder in sich selbst hinein hören. Wir wollen Liebe und Sex gleichermaßen. Oder um es anders auszudrücken: zwei zum Preis von einem. Und das am besten mit ein und derselben Person.

Wenn wir es ernst meinen, hängen wir vielleicht sogar ein Vorhängeschloss an eine Brücke.

DAS ENDE DER POPKULTUR

»Pop ist tot, denn böse Menschen
kaufen keine Lieder, sie laden nur darnieder.«
— Die Türen
»Hi, suche Musiker für Bandgründung.
Musikrichtung recht offen.
Ich höre von fast allem ganz viel.Elektro. Akustisch.
Metal. Punk. Grunge. Rock. Alternative usw.«
— Kontaktanzeige bei eBay

Jede Zeit hat ihre Geister. Und jede kulturelle Epoche hat ihre eigene Jugendkultur.

Ende der Sechziger gab es die Hippies. Mit Blumen im Haar spielten sie Lieder auf der Gitarre und sehnten sich nach freier Liebe. Mit Peace-Zeichen bewaffnet stürmten sie ein Feld in Upstate New York und erfanden dort Woodstock, das berühmteste Musikfestival aller Zeiten. Dreieinhalb Tage lang schrieb die Jugend im August 1969 Geschichte, indem sie sich im Schlamm wälzte, in Gebüschen kopulierte und im Marihuana- und LSD-Rausch den Klängen von Richie Havens, John Sebastian und Jimi Hendrix lauschte. Alles ging drunter und drüber. Die Planung der Veranstaltung war unüberlegt, die Location wurde mehrmals verlegt. Das Festival fand weder im namensgebenden Woodstock statt noch in Walkill, wo es ursprünglich geplant war, sondern im siebzig Kilometer entfernten Bethel auf einer Farm des Bauern Max Yasgur. Aufgrund des großen Andrangs ließ man auch Besucher ohne Festivalticket auf das Gelände, Zäune und

Absperrungen wurden niedergerissen. Statt der erwarteten 50 000 strömten beinahe eine halbe Million Menschen nach Bethel. Die rund fünfhundert Sanitäranlagen waren schnell überlaufen, und so verrichteten die Besucher ihre Notdurft einfach an Ort und Stelle. Ein bestialischer Gestank soll sich Zeugen zufolge über das Festivalgelände ausgebreitet haben.

Kurzum: In Woodstock regierten Chaos und Anarchie.

Während an der Ostküste die Hippies ihren Tagträumen nachhingen, trafen am anderen Ende des amerikanischen Kontinents, in Kalifornien, ein vierzehn Jahre alter Junge namens Steve und ein fünf Jahre älterer Typ zusammen, dessen Name auch Steve lautete. Gemeinsam verband sie ihre Begeisterung für Bob Dylan, die Beatles und Technik. Die beiden Jungen, Steve Jobs und Steve Wozniak, sollten wenige Jahre später Apple gründen, den Konzern, der heute darüber bestimmt, wie wir die Welt wahrnehmen, wie wir uns in der Welt zurechtfinden und was wir gut finden sollen. Apple und seine Produkte funktionieren nach dem Prinzip: Ordnung, Klarheit, Schönheit, Minimalismus und Effizienz. Also das genaue Gegenteil von Woodstock.

Beide Ideen, Apple und Woodstock, die im Sommer 1969 ihren Anfang nahmen, sollten sich durchsetzen, aber auf vollkommen unterschiedliche Weise. Während Woodstock das Musikfestival als gängige Praxis eingeführt hat und wir seither jeden Sommer auf irgendwelche Wiesen pilgern und den angesagtesten Acts zuhören, hat Apple die Welt und unser Denken verändert, wie es Woodstock wollte, aber nicht geschafft hat. Statt Woodstock haben wir heute Rock am Ring, die MTV Video Music Awards oder das iTunes-Festival, das alljährlich im Londoner Roundhouse stattfindet. Alles perfekt durchkalkulierte und inszenierte Popshows. Einfache Unterhaltung ohne doppelten Boden oder versteckte Message. Apple hingegen revolutionierte unsere Arbeitsweise, unsere Kommunikation und, wenn man will, sogar unser Sozialverhalten.

Die Popmusik feierte damals in Woodstock, wenn nicht ihre Geburtsstunde, dann zumindest ihre Bar Mitzwa. Pop wurde im Sommer 1969 erwachsen und ist heute zu einem Freizeitvergnügen zu Flatrate-Konditionen geworden. Auf Spotify, Simfy und anderen Streaming-Diensten haben wir beinahe den kompletten Musikkatalog der Menschheitsgeschichte in Sekundenschnelle zur Verfügung. Die Popmusik ist an einem Ende angekommen, so scheint es. Wenn wir heute in postmodernen Zeiten leben, ist auch Pop davon betroffen. Das bedeutet, er hat uns nichts Neues mehr zu sagen, nichts Neues mehr zu bieten. Der Soziologe Bernhard Heinzlmaier sagt: »Die einzige Innovation ist heute die Kombinatorik.« Heißt also: Das Vermischen von verschiedenen Musikstilen ist heute das einzig Neue. Hip-Hop meets Classic. Rock meets Jazz, solche Sachen. Oder Art meets Pop.

Artpop. So heißt das dritte Studioalbum von Lady Gaga, das im November 2013 auf den Markt kam. Nicht nur als CD, MP3-Download und Vinyl, sondern auch als App für iPhone und iPad. Als multimedial aufbereitetes Kunstprojekt. Nur wenige Wochen zuvor, im August, veröffentlichte die Sängerin im Abstand von einigen Tagen sowohl ihre neue Single *Applause* als auch ein obskures Kunstwerk in Form eines Videos. *Applause* war auf der Gaga-Skala ein künstlerischer Schritt zurück und wurde von den Kritikern weitgehend zerrissen. Man dachte, den Holzhammer-Euro-Dance-Trash hätte sie bereits hinter sich. Das zum selben Zeitpunkt erschienene zweiminütige Video zeigt Lady Gaga zusammen mit ihrer neuen Muse, der serbischen Performance-Künstlerin Marina Abramović.

Abramović gehört zu den extremsten Künstlern unserer Zeit. Bei einer Performance in den Neunzigern legte sie sich nackt und vor Publikum auf einen Eisblock, der einem Jesus-Kreuz nachempfunden war. Kurz zuvor hatte sie eine ganze Flasche Rotwein getrunken sowie ein Glas Honig verspeist. Damit vollgepampt lag die Künstlerin auf dem Eisblock und wurde von einem über ihr befestigten Gerät mit Hitze bestrahlt, bis der Eisblock unter ihr zerschmolzen war. Erst dann war das Kunstprojekt zu Ende. Bei einer anderen Performance stand Abramović auf einer Bühne und ließ sich von einem Mann ohne Unterbrechung ohrfeigen. Die Künstlerin verzog keine Miene. Man konnte aber aufgrund der Lautstärke erkennen, dass die Ohrfeigen echt waren. Das Publikum saß ratlos da und wusste nicht, was es tun sollte.

Soll man einschreiten?

Aber das ist doch Kunst!

Nicht einschreiten?

Aber da wird öffentlich eine Frau verhauen!

Ja, solche Grenzen versucht Marina Abramović auszuloten. Bei einem ihrer neueren Kunstwerke saß sie im MoMA in New York, dem Museum of Modern Art, auf einem Stuhl in der Mitte eines Raumes und schwieg. Die Besucher konnten sie umschwirren, sie beobachten oder an der »Installation« teilnehmen, indem sie sich der Künstlerin gegenüber auf einen Stuhl setzten und sie anstarrten.

Diese Abramović ist nun durch Lady Gaga aus den engen Kunstzirkeln in die Popkultur empor- bzw. herabgestiegen. Gaga versucht ihren eigenen Aussagen zufolge, Kunst und Pop zu vermengen. *Artpop.*

In dem soeben erwähnten Zwei-Minuten-Video mit Abramović ist Lady Gaga in allerlei Variationen zu sehen: Komplett in weiß gehüllt liegt sie auf einem Holzboden, in einem grauen Overall steht sie am Rand eines Flusses und blickt zum Himmel, dabei trägt sie eine Art gelbe Augenbinde mit zwei Teufelshörnern, die von ihren Augen wegstehen. Man sieht sie nackt im Wald meditieren und auf einem Eisblock hocken. An einer Stelle sitzt sie Rücken an Rücken mit ihrer Ikone Abramović auf übergroßen Stühlen in einem Fluss. Über die ganze Strecke des Videos hält Gaga einen Ton.

Auch der Rapper Jay-Z überschreitet alle herkömmlichen Grenzen seines Berufsstandes und führt vor Augen, welche Volten die Anything-goes-Mentalität schlägt. In einer New Yorker Galerie sang er einen seiner Tracks, oder besser: Er führte ihn auf. Sechs Stunden lang in Dauerschleife, live. Wie kommt ein Rapper aus dem tristen Brooklyn dazu, sich plötzlich als lebendes Kunstwerk in einem Museum auszustellen? Wegen Marina Abramović natürlich. Ihre Dauersitzung »The Artist is present« im MoMA inspirierte offenbar nicht nur Lady Gaga, sondern auch Jay-Z. Wie sehr die Grenzen zwischen allem verschwimmen, konnte man gut einige Wochen später beobachten, als Jay-Z Gast bei *Real Time* war, der von HBO ausgestrahlten Polit-Talkshow mit Comedian Bill Maher. Als Jay-Z im Studio Platz nahm und die ersten Fragen des Hosts beantwortete, lief eine Bauchbinde durch das Bild. Jener Streifen, der den Zuschauern zuhause noch mal erklären soll, wer da eigentlich gerade zu sehen ist und was er beruflich macht. Was stand da bei Jay-Z geschrieben?

Artist, Rapper, Musician, Singer? Fehlanzeige. Eingeblendet war lediglich ein Wort, das manche sich noch aus einem abgebrochenen BWL-Studium herleiten können: Entrepreneur.

Zu Deutsch: Unternehmer.

Dazu muss man wissen: In jedem Amerikaner steckt ein Entrepreneur. So wie in jedem Deutschen ein Fußball-Nationaltrainer steckt und in jedem Franzosen ein Philosoph. Nun verkörpert Jay-Z perfekt den Zeitgeist als singender Entrepreneur. Das gilt nicht nur für ihn, den erfolgreichen Rapper. Jeder führt heute mehrere Leben oder Lifestyles gleichzeitig. Jay-Z ist da nur die Spitze des Eisbergs. Man stelle sich vor, Marvin Gaye hätte in den Siebzigern als Entrepreneur in einem Fernsehstudio gesessen und über seine anstehenden Kunstprojekte geredet ...

Kommerz und Avantgarde haben sich weitgehend versöhnt. Wir können mit dem gleichen Wohlgefallen die *Harry Potter*-Filme anschauen wie die Werke von Ingmar Bergman oder Lars von Trier. Was in Deutschland lange galt, die Grenze zwischen E und U, also zwischen Ernsthaftigkeit und Unterhaltung, gibt es seit unserer Generation nicht mehr. Sänger werden zu Künstlern, und Künstler machen auf Pop. Die Grenzen verschwimmen oder verschwinden.

Auch zwischen Eltern und ihren Kindern gibt es heute keinen Streit mehr wegen des Musikgeschmacks. Pop ist nicht mehr fähig, die Jugend zu versauen und deren Eltern zu verstören, wie das noch zu Zeiten der Rolling Stones, von Eric Burden oder Led Zeppelin der Fall gewesen war.

Der renommierte britische Musikkritiker Simon Reynolds sagte in einem Interview mit dem *Spiegel* im Jahr 2011:

»Einen Krieg der Generationen scheint es nicht mehr zu geben. Musiker erzählen häufig, dass ihre Mutter sie auf Velvet Underground gebracht hat. Die Frage ist eher: Was tun, wenn man coole Eltern hat? Eine Option ist es, sich gar nicht für Pop zu interessieren. Mein Sohn ist elf Jahre alt, und ich glaube, dass Musik für ihn verdorben ist – schließlich ist sein Vater Rockkritiker und hört seltsame Musik, zu der er seltsam tanzt. Mein Sohn interessiert sich eher für Computerspiele und Social Media. Musik ist da nur ein Inhalt, den er zwischen verschiedenen Medien hin- und herbewegt. Meine Generation dagegen hat Musik stets als das Zentrum erachtet. Das sieht man auch in anderen Kulturbereichen. Dem Hollywood der Siebziger merkt man an, dass es glaubte, Rockmusik und nicht Film wäre das wahre Ding. Diese Einstellung findet man so nicht mehr.«

Für Reynolds haben demnach Social Media oder Computerspiele die Popmusik bei den Nachfolgegenerationen als kulturelle Codierung abgelöst. Das gilt nicht nur für Elfjährige. Pop ist generell nicht mehr Lebensdeuter oder Wegweiser in unserer Generation, sondern vielmehr kosmetischer Wohlfühlfaktor, eine MP3-Datei auf einer randvoll gefüllten Festplatte, der tonale Kick für zwischendurch.

Jede Zeit bringt ihre kulturellen Leitfiguren hervor. Diejenigen, die mit ihrem Schaffen einen Nerv der Zeit treffen, vergöttert, bewundert und verehrt werden. Früher wurden Musiker wie Bob Dylan oder Frank Zappa gefeiert, und man traute Michael Jackson und Bob Geldof die Rettung der Welt zu. Heute glauben wir nicht mehr an

Weltrettungspläne und himmeln statt Kulturschaffenden und Künstlern lieber blassgesichtige CEOs an: Steve Jobs, Marissa Mayer, diesen Tumblr-Typen, der plötzlich eine fette Milliarde auf dem Konto liegen hat, oder – natürlich – Mark Zuckerberg. 2010 erklärte das *Time Magazine* Zuckerberg zur Person des Jahres. Der damals 26 Jahre alte Facebook-Gründer war der zweitjüngste Mensch in der Geschichte, der vom *Time Magazine* zur wichtigsten Person der Welt erklärt wurde. Jünger war nur der 25 Jahre alte Pilot Charles Lindbergh, der erste Mann, der ohne Zwischenstopp den Atlantischen Ozean überquert hatte. Als »Person of the Year« steht Zuckerberg damit in einer Reihe mit Figuren der Weltgeschichte wie Königin Elisabeth, Hitler, Ayatollah Khomeini und den Astronauten der Apollo-8-Mission.

Wer heute hip sein will, gründet keine Band, sondern arbeitet in einem bunten Office. Mit jungen Leuten gemeinsam tüftelt man »am nächsten heißen Scheiß«, an einer App, einem Online-Laden oder einer digitalen Lösung jedweder Art. Statt in einem von Schimmel befallenen, abgefuckten Proberaum scheppernde Riffs rauszuhauen, gehen wir lieber ins Coworking-Office, um schicke Linien in einem Grafiktool zu ziehen. Das Apple-Prinzip hat sich gegen das Woodstock-Prinzip durchgesetzt. Ordnung statt Chaos. Schönheit statt Schlamm. Sicherheit statt Freiheit.

Früher wollte man in seiner späten Jugend vielleicht eine Band gründen, heute eher ein Start-up-Unternehmen. Unsere Generation ist viel zu vernünftig, um sich einer Sache zu verschreiben, von der sie insgeheim weiß, dass sie materiell zu nichts führen wird – wie eben in einer Band zu spielen. Die coolen Musiker kommen sowieso alle aus den USA, Großbritannien oder Schweden.

Wurden die Neunziger noch von den Geschmacksfetischisten von *Tempo* terrorisiert, so haben wir uns inzwischen ästhetisch frei gemacht. Niemand sagt uns mehr, was wir zu kaufen oder zu konsumieren haben oder was uns gefallen muss. Keine elitären Wächter mehr, die über unser kulturelles Wohl befinden. Statt *Tempo* haben wir *Neon*. Statt mit Besitz oder Geschmack setzen wir uns lieber mit Gefühlen und unnützem Wissen auseinander. Und wir ziehen glattpolierte Fahrstuhlmusik wie Phoenix, Robin Thicke oder Daft Punk wildwüchsiger Krawallmusik vor und empfinden uns dabei auch noch als vollkommen geschmackssicher.

Die Anything-goes-Mentalität unserer Generation lässt sich, um mit Simon Reynolds zu argumentieren, wunderbar an der Musik ablesen. Haben frühere Jugendkulturen sich noch einem bestimmten Genre verschrieben, gilt heute die Devise: alles kann, nix muss! Der Goth hörte in den Achtzigern Sisters of Mercy, The Cult und The Cure, die Grunge-Ära Anfang der Neunziger ließ die Jugend auf Nirvana, Pearl Jam und Soundgarden einschwören. Popmusik, also Kommerz, war verdächtig und wurde rundheraus abgelehnt. Dass die eigenen Idole, wie Kurt Cobain oder Eddie Vedder, selbst zum »Kommerz« wurden, ist eine der vielen Ironien der jüngeren Kulturgeschichte. Aber klar war: Der Rocker, Grunger oder Metaller hörte keinen Hip-Hop, keinen Rap, egal ob Eastcoast, Westcoast oder Hamburger Schule, keine Singer-Songwriter, keinen Jazz und schon gar nicht Klassik oder Schlager. Heute gelten diese Geschmacksgrenzen nicht mehr. Jeder kann alles zur gleichen Zeit gut finden. Ein bisschen Retro: The Smiths, Devo, *Falco* und als Krönung natürlich die erste Sprechgesangnummer überhaupt: Rapper's Delight. Am

Wochenende tanzt man zu Minimaltechno in Clubs. Im Sommer fährt man für mehrere Tage zu den großen Rockfestivals. Und beim gemeinsamen Urlaub wärmt man sich am Lagerfeuer mit alten Folksongs. Alles ist gut, solange es nur Spaß macht. Elektro und Folk, Techno und Rock, Pop und Indie, Jay-Z und Kings of Leon schließen sich nicht länger gegenseitig aus. Inzwischen tritt sogar Heino auf dem Metal-Festival in Wacken auf.

Auf der einen Seite verschwimmen heute einzelne Musikrichtungen und gehen in neuen Sounds auf wie eben bei Lady Gaga, die Dance, Rock, Jazz und Pop vermengt. Andererseits gibt es so viele einzelne Genres wie noch nie zuvor.

Bei einer Keynote-Speech auf der Musikmesse SXSW hielt Rock-Veteran Bruce Springsteen im März 2012 eine beeindruckende Coming-of-Age-Rede über seine Liebe zur Musik. An einer Stelle spricht der Boss über die inzwischen nicht mehr überschaubare Anzahl von einzelnen Musikströmungen:

>Es gibt so viele Sub-Genres und Moden: Two-Tone, Acid Rock, Alternative Dance, Alternative Metal, Alternative Rock, Art Punk, Art Rock, Avantgarde Metal, Black Metal, Black and Death Metal, Christian Metal, Heavy Metal, Funk Metal, Bland Metal, Medieval Metal, Indie Metal, Melodic Death Metal, Melodic Black Metal, Metal Core, Hard Core, Electronic Hard Core, Folk Punk, Folk Rock, Pop Punk, Britpop, Grunge, Sad Core, Surf Music, Psychedelic Rock, Punk Rock, Hip Hop, Rap Rock, Rap Metal ..., Rock Noir, Shock Rock, Skate Punk, Noise Core, Noise Pop, Noise Rock, Pagan Rock, Paisley Under-

ground, Indie Pop, Indie Rock, Heartland Rock, Roots Rock, Samba Rock, Screamo-Emo, Shoegazing Stoner Rock, Swamp Pop, Synth Pop, Rock against Communism, Garage Rock, Blues Rock, Death and Roll, Lo-Fi, Jangle Pop, Folk Music. Stellen Sie nur Neo- und Post- vor alles, was ich erwähnt habe, und wiederholen Sie alles noch mal.«

Dabei spart Springsteen, ganz dem Gitarrensound verbunden, sämtliche Elektro-Stile aus, die in den letzten Jahren über uns hereingebrochen sind. Zum Beispiel: Techno, Minimal-Techno, Hardcore-Techno, Dub-Techno, Detroit Techno, Trance, Psy-Trance, Hard Trance, Progressive Trance, House, Hip House, Minimal House, Garage House, Speed House, Tribal House, Industrial, EBM, Acid, Jungle, Rave, Schranz, Gabber, Speedcore, Eurodance, Euro Disco, Happy Hardcore, Goa, Two Step, Ambient, Dark Ambient, Big Beat, Drum and Bass, Electro, Electronica, IDM (Intelligent Dance Music), Clicks and Cuts, Indietronica, Musique concrète, Jumpstyle, Newstyle, Noizecore, Raggacore, Terror, Trip-Hop, Chill-Out, Glitchcore.

Unsere Generation steht einer in dieser Form noch nie dagewesenen unüberschaubaren Musiklandschaft gegenüber. Aber nicht nur die schiere Masse an Musik und die Musikstile haben sich verändert, auch die Künstler sind andere – und repräsentieren mit ihren Songs einen anderen Zeitgeist. Die 68er hatten ihre Liedermacher, wir haben unsere. Damals waren es Franz Josef Degenhardt, Hannes Wader, Wolf Biermann und Reinhard Mey, und sie sangen gegen Bonzen, Kriege und Spießer an. Heute heißen unsere Singer-Songwriter Tim Bendzko, Max Prosa oder Philipp Poisel. Sie erkunden mit schmerzver-

zerrten Stimmen insbesondere ihre eigene fragile Gefühlslage. Der Blick der Liedermacher auf die Dinge richtete
sich von außen nach innen. Sänger wie Poisel und Prosa
sind die popkulturellen Vertreter einer Generation, die
alles gut findet, alles toleriert. Poisel hat das in einem
Gespräch mit dem *Focus* einmal so auf den Punkt gebracht: »Grundsätzlich finde ich es gut, wenn alle alles
dürfen. Wenn Frauen jeden Beruf ergreifen können, auf
den sie Lust haben. Aber ich habe auch überhaupt kein
Problem damit, wenn Mädchen Tussis sein wollen. Einigen Männern helfe ich mit Sicherheit, das bekomme ich
auch in Briefen zu lesen, etwa, wenn sie sich in meinen
Songs wiedererkennen und diese dann ihrer Freundin vor-
spielen. Aber abgesehen davon gibt es immer noch einen
Haufen Machos, und das ist auch in Ordnung.«

Das ist die geistige Haltung der Generation Maybe in
Reinform. Bist du eine Emanze, bist du super, bist du eine
Tussi, bist du auch ganz super! Und wer für den Dschihad
in den Krieg zieht, hat sicher auch lautere Beweggründe.

Die *Berliner Morgenpost* schreibt in einer Konzertkritik
über einen anderen jungen Künstler unserer Tage: »Casper
ist der größte gemeinsame Nenner einer Generation, die
sich nicht mehr festlegen will, die pseudoanarchisch Mit-
telfinger in die Höhe reckt und in der Wahlkabine das
Kreuzchen dann doch für die CDU macht, weil Angela
Merkel eine echt gute Kanzlerin ist.«

Die Popkultur hat als alternative Leitkultur ausgedient.
Sie taugt nicht mehr. Pop dient schlicht der individuellen
Unterhaltung und Zerstreuung. Pop hat seine Strahlkraft
verloren, nicht als Musikrichtung, sondern als Weltanschauung. Pop formuliert nicht mehr, wie die Welt von
morgen sein könnte, Pop beschreibt, wie die Welt von

heute ist. Pop ist nicht mehr politisch. Keine Sex Pistols, keine The Clash, kein Bob Dylan weit und breit. Kein Rio Reiser, keine Einstürzenden Neubauten.

Wir haben früher gelacht, wenn unsere Eltern U2 nicht von REM, Take That nicht von den Backstreet Boys unterscheiden konnten. Heute können wir selbst nicht immer sagen, ob das Gedudel im Club von Kanye West oder Kid Cudi, von den Black Keys oder den White Stripes, von One Direction oder OneRepublic kommt. Und ob die Musik, die wir hören, noch cool ist, wissen wir auch nicht so genau. Aber das ist uns egal. Deswegen hören wir auch völlig ungeniert nicht nur Retro-Mucke, sondern auch die dahintersteckenden Originale: The Doors, The Stooges, Pink Floyd und wie sie alle heißen. Irgendwie merkwürdig, vierzig Jahre alte Musik zu hören. Als hätte die Jugend von 1962 nicht Elvis, die Beatles und Roy Orbison gehört, sondern die Musik von 1922.

In unserer Kindheit haben wir noch Tapes bespielt. Mit unseren Lieblingsliedern, die wir aus dem Radio aufgenommen hatten (ja, so kam man damals günstig an die neuesten Hits). In unserer Jugend dann wurden die Tracklisten immer ausgetüftelter, zumal wir damit unsere Angeschmachteten beeindrucken wollten. Wie wichtig war da die richtige Reihenfolge der Songs! Und am Ende einer Kassettenseite durfte das Lied auch nicht einfach mittendrin aufhören. Die Abfolge der Tracks musste so abgestimmt werden, dass alles genau Platz hatte. Zum Glück konnten wir dann von den Maxell-60er-Kassetten auf CD-Rohlinge umsteigen, die uns solche Probleme erspart haben. Heute erstellen wir eine Playlist locker aus dem Handgelenk und mit wenigen Mausklicks im Internet und schicken einen Link in die Welt hinaus.

Unsere Jugend war eine Zeit fernab jeglicher Ironie. Auf MTV sangen Hanson ihr MMMBop, Take That brachten die Mädels zum Kreischen, und auf Viva sahen wir diese Eurodance-Videos mit einem schwarzen Rapper und einer weißen Sängerin. Ironie spielte keine Rolle. Wir mochten es, oder wir mochten es nicht. So einfach war das.

Heute macht sich eine neue Biederkeit breit. Gefeiert werden nicht mehr junge Wilde wie einst Die Ärzte, die Toten Hosen oder auch Die fantastischen Vier, sondern Biedermeierbarden wie Tim Bendzko, Philipp Poisel und Clueso, oder Schlagerspießer wie Beatrice Egli (Schweiz), Andreas Gabalier (Österreich) oder Helene Fischer (Deutschland). Die richtig großen, millionenschweren, jungen Popstars sind heute Schlagersternchen. Zigtausende Twentysomethings stürmen in deren Konzerte. Sie suchen nicht das Umstürzlerische, das Rebellische, das Kantige, sondern ein bisschen Friede, ein bisschen Freude, ein bisschen Eierkuchen. Wir rennen nicht geschlossen als Generation, als einheitliche Masse, zu deren Auftritten. Aber was vor zwanzig Jahren noch vollkommen unmöglich war, ist inzwischen ganz normal: Junge Menschen zahlen für Schlagerkonzerte. Freiwillig!

Wir wollen Freiheit, aber lieber noch wollen wir Sicherheit. Vielleicht fahren wir deshalb so auf Retrochic und Vintage ab. Auf Gemütlichmacher wie die jungen Schlagerheinos. Das Einzige, was gleich geblieben ist, die einzige kulturelle Konstante, die noch existiert, sind die *Simpsons*. Alles andere ist anders.

Wir sind Freibeuter. Wir laden aus dem Netz illegal und kostenlos, was wir kriegen können.

Wir besitzen Festplatten voll mit den besten Alben aller Zeiten, die wir nie hören werden.

Jede Zeit hat ihre Geister. Und manche Geister sind Gestaltwandler im eigenen Leib. Stefan Raab hat es als Moderator von Vivasion mittlerweile zum Politjournalistentrupp beim Kanzlerduell geschafft, die einstige Viva-Schreckschraube Charlotte Roche ist eine feste Größe im Literaturbetrieb geworden, und Mola Adebisi hat es sogar bis ins Dschungelcamp geschafft und verkauft ansonsten Fritten in einem Duisburger Freibad.

Und was ist mit dem anderen Geist, dem großen Übergeist?

Was also ist mit Pop?

Viele sagen, Pop sei tot.

Pop ist aber nicht tot.

Noch nicht.

Pop ist jetzt ein alter Mann.

Und die besten Zeiten liegen hinter ihm.

Der alte Mann hat seine Ruhe gefunden.

Vielleicht blickt er jetzt aufs Meer.

DU BIST, WAS DU ISST

»Ich liebe Würste, aber ich esse sie nicht.«
— Jonathan Safran Foer
»Ich kaufe viel in Bioläden ein, esse nur wenig Fleisch,
fahre viel Fahrrad und bin für Ökostrom.«
— Lena Meyer-Landrut

Immer wieder gibt es Bücher, die ein Spiegelbild der Gesellschaft sind, in der sie erscheinen und gelesen werden. Die 68er hatten die Mao-Bibel, ein kleines rotes Büchlein, das die Ideen des Großen Vorsitzenden propagierte, um damit die Welt zu retten. Um die Millenniumwende waren die Vagina-Monologe sehr angesagt, und wenig später allerlei Erbauungsliteratur, wie Hape Kerkelings Ausflug auf den Jakobsweg *Ich bin dann mal weg*.

Das Buch unserer Zeit, aber insbesondere meiner Generation, heißt *Tiere essen*. Geschrieben hat es der amerikanische Autor Jonathan Safran Foer, Jahrgang 1977. Eigentlich schreibt Foer so herzzerreißende Romane wie *Extrem laut und unglaublich nah* und *Alles ist erleuchtet*. Doch 2010 entschloss er sich dazu, das Genre zu wechseln. Vom Roman zum Sachbuch. Er wollte ein Buch über gesunde Ernährung und Vegetarismus schreiben. Auslöser dafür war die Geburt seines ersten Sohnes. In einem Interview mit der *Zeit* konkretisierte Foer den Grund, ein Sachbuch über das Pflanzenessen zu verfassen: »Ich wollte wissen, ob man ein Kind gefahrlos vegetarisch aufziehen kann.« An seinem eigenen Kind also wollte Foer testen, wie es ist, einen Menschen von Geburt an ausschließlich vegetarisch zu ernähren. Papa Foer errichtete ein Labor, und sein Neugeborenes war das erste Versuchskaninchen in seinem Experiment. Er gibt an, seit seinem zehnten Lebensjahr selber immer wieder mal vegetarisch gelebt zu haben.

In *Tiere essen* beschreibt Foer, was es für Mensch, Tier und Planet bedeutet, wenn wir als Gesellschaft weiterhin so viel Fleisch konsumieren wie bisher, was das mit unserer Gesundheit macht und ob das massenhafte Töten von Tieren im 21. Jahrhundert überhaupt noch ethisch gerechtfertigt werden könne. Foers Werk ist ein Plädoyer nicht nur gegen die Massentierhaltung, sondern generell gegen Fleischkonsum.

In meiner Generation hat man dieses Buch entweder gelesen oder zumindest im Buchladen schon mal kurz reingeblättert, hat auf jeden Fall davon gehört oder erzählt bekommen. Kein Weg führt an diesem grünen Cover mit den kleinen schwarzen Hühnchen, Häschen, Kälbern, Schweinchen und Gänsen vorbei. Nun könnte man sagen, ein Autor, der Safran heißt, muss wohl ein Buch über die Vorzüge des Pflanzenessens schreiben. Aber lassen wir diesen Kalauer beiseite. An einer Stelle in seinem Vegetarismus-Manifest schreibt Foer den entlarvenden Satz: »Ich liebe Würste, aber ich esse sie nicht.« Was will er uns damit sagen? Ist er vielleicht eine gespaltene Persönlichkeit? Keineswegs. Foer drückt in diesem kurzen Wurstsatz die drei Dilemmata unserer Generation aus, die weit über das Ernährungsthema hinaus gehen:

1. Wofür soll man sich entscheiden?
2. Ist das, wozu man sich entschließt, auch das Richtige?

3. Soll man sich vielleicht sogar gegen sein Verlangen entscheiden, nur um ethisch, ökologisch und politisch korrekt zu handeln?

Es ist jenes Paradoxon, mit dem wir es permanent zu tun haben. Denn wenn es etwas gibt, das meine Generation auszeichnet, dann ist es ihre Zerrissenheit. Und die macht sich gerade beim Essen bemerkbar.

Wir wollen den supergesunden Körper, achten auf unsere tägliche Vitaminzufuhr, versuchen unser Gewicht zu halten und ballaststoffreich zu essen. Wir kennen die Ernährungspyramide auswendig und können sie von unten nach oben und wieder abwärts im Schlaf herunterbeten: viel Gemüse, Obst und Kräutertee, wenig Zucker, Salz und Alkohol. Wir laufen mit der Wasserflasche bewaffnet ins Yoga-Studio und suchen den inneren Seelenfrieden. Wir strampeln uns im Fitnessstudio ab und wollen am liebsten schon nach einer Woche wieder alles hinschmeißen, aber blöderweise haben wir im Übereifer eine Jahreskarte gekauft und kommen nun nicht mehr runter vom Stepper, ohne uns eine finanzielle Beule zu holen. Und dann schleppen wir uns aus Pflichtschuldigkeit Woche für Woche doch wieder in Hantelhölle und Laufbandinferno.

Andererseits feiern wir, als ob es kein morgen gäbe, wir saufen uns beinahe ins Koma, tanzen nächtelang durch und nehmen merkwürdige Substanzen zu uns. Wir schlafen meistens viel zu wenig, kommen nur selten raus an die frische Luft, rauchen womöglich und trinken zu viel Kaffee. Wir sind Zerrissene. Einerseits wollen wir den perfekten Körper, andererseits möchten wir das Leben in vollen Zügen genießen. Wir wollen den exzessiven Halb-, aber bitte keinen Vollrausch.

In einem Interview mit der *Stuttgarter Zeitung* sagte der Kabarettist Florian Schröder über seine und meine Generation der Um-die-Dreißigjährigen einmal: »Wir wollen alles: eine Beziehung, aber eine coole. Zusammenwohnen, aber mit getrennten Schlafzimmern. Ein Leben nach der Colawerbung: voller Geschmack, null Zucker. Es herrscht ein permanenter Zwang, sich selbst zu optimieren, aber ganzheitlich.«

Gerade was das Essen betrifft, ist alles nicht mehr so einfach, wie es das früher einmal war. In Zeiten des relativen Wohlstands ist eine simple Mahlzeit oft schon ein Statement, das den Mitmenschen die eigene Haltung zur Welt vermitteln soll. Und natürlich versuchen wir uns über die bestmögliche Ernährung körperlich zu optimieren, um im postmodernen Hamsterrad zu überleben. Darwins Bonmot vom »Survival of the fittest« bekommt da eine ganz neue Bedeutung.

Vegetarismus gab es immer. Zum Massenphänomen wurde er erst in unserer Generation, die dem Fleischkonsum so kritisch gegenübersteht, wie kaum einer anderen Sache. Man stelle sich vor, unsere Generation würde mit jenem Eifer gegen Arbeitsmissstände und Ausbeuterbetriebe aufbegehren, wie gegen die fleischverarbeitende Industrie!

Ich treffe kaum noch Menschen in meiner Generation, die nicht irgendeiner bestimmten Diätform folgen. Da ist David, der auf Gemüse und Hülsenfrüchte schwört und zum Frühstück schon seine »Greens« einwirft, ein aus den USA eingeflogenes Trockenpulverpräparat, das aus grünem Gemüse gewonnen wird. Markus ist Vegetarier, gönnt sich aber hin und wieder Fisch. Alex und Mia sind sich einig, dass nicht alles Fleisch schlecht sei, nur rotes Fleisch müsse man tunlichst vermeiden. Benny verzichtet auf sämtliche Tierprodukte, lebt also vegan. Manche meiden Milch, weil die nur für Säuglinge sei – im erwachsenen Körper würden sich deswegen jedoch »Schlacken« ansammeln. Andere wiederum verzichten auf Zucker, eine Droge, so sagen sie, fast so böse wie Heroin. Dann gibt es die Rohköstler, die zwar auch Brot essen, aber nur, wenn es nicht über 40 beziehungsweise 45 Grad gebacken wurde – da gibt es innerhalb dieser Essgemeinschaft unterschiedliche Betrachtungsweisen. Dann gibt es welche, die essen kein Schweinefleisch, aber nicht aus religiösen, sondern gesundheitlichen Gründen. Es gibt die Low-Carb- (wenig Kohlenhydrate) und die No-Carb-Fraktion (gar keine Kohlenhydrate). Es gibt Flexitarier, Frutarier und Ovo-Lacto-Vegetarier. Es gibt Freeganer, die nichts aus kommerziellem Handel essen, und »Puddingvegetarier«, die zwar kein Fleisch essen, sonst aber nicht besonders auf ihre Ernährung achten. Wer zum Beispiel den Begriff »Freeganer« googelt und sich die Bilder dazu anklickt, sieht durch die Bank junge Menschen unter oder um die dreißig, die sich dieser Ernährungsform zugewandt haben. Auch Veganismus ist so ein Jungerwachsenen-Phänomen.

Einfach zu essen, was einem schmeckt, ist mittlerweile eine Rarität. Wir haben ein künstliches und kein natürliches Verhältnis zum Essen, weil wir versuchen, über unseren Speiseplan die Welt zu retten, uns gesundheitlich zu optimieren, oder weil wir aus philosophischen Gründen Nein zur Schweinelende sagen. Ich habe auch schon erlebt, wie eine junge Frau in einem Lokal eine Tasse heißes Wasser mit einem Schuss kalten Wassers bestellt hat. Egal aus welcher Perspektive man es betrachtet: Unsere

Generation hat ein pathologisches Verhältnis zu ihrer Ernährung.

Eine ebenfalls spezifische Erscheinung unserer Generation sind anorexische Männer. Anorexie war bisher eine typische Frauenkrankheit. Laut einem Bericht der *Süddeutschen Zeitung* vom Juni 2012 sind aber bereits ein Viertel aller Magersüchtigen Männer. Vor einigen Jahren war es noch jeder Zehnte. Auf dem Lifestyle- und Zeitgeistblog Neue Elite (vormals und nun wieder Amy & Pink) schreibt ein Autor im Oktober 2013 sein »Geständnis eines Essgestörten«. Moriz Prunellier, 17, notiert: »Magersucht ist ein großes Thema, immer noch, seit Jahren. Und es ist allgegenwärtiger denn je zuvor, eine Modeerscheinung, wie es auch mal Fettes Brot war.«

Wenn unsere Vorgängergeneration Diät gehalten hat, dann einzig und allein aus dem Grund, weil sie abnehmen wollte. Das Wort Diät wurde im deutschen Sprachraum geradezu mit »Abnehmen« gleichgesetzt, wo es doch im Englischen nichts anderes heißt als Ernährung oder Nahrung.

Früher hat man einfach auf Süßigkeiten verzichtet, also alles von der Tafelschokolade bis zur Sahneschnitte weggelassen, damit die Pfunde purzeln. Statt Zucker griff man zu Süßstoff. Und wer schlank werden wollte, ließ außerdem noch unnötige Fettquellen weg. Statt Butter gab es Margarine, statt ungesundem Maiskeimöl gab es das gesündere Rapsöl. Gemessen wurde in Kalorien, irgendwann kam dann der Body-Mass-Index dazu.

Heute haben wir es hingegen mit einer unübersichtlichen Vielfalt an Ess- und Ernährungskonzepten zu tun, mit denen uns täglich eingeredet wird, dass das, was wir noch am Vortag gegessen haben, falsch sei. Im einen Moment schwören wir auf die Atkins-Diät, weil die auch Brad Pitt gemacht haben soll, dann wieder stellen wir um auf morgendlich kohlenhydratreich und proteinarm und abends genau umgekehrt. Wir vertragen kein Gluten, sind laktoseintolerant, haben eine Fructose- oder Histaminallergie. Wir studieren die Zutatenlisten aller Lebensmittel auf ihre Verträglichkeit. Wir haben Angst vor E620 bis E625, weil das in Menschensprache Glutamat bedeutet. Wir achten darauf, ob unsere Cherrytomaten aus einem spanischen Gewächshaus kommen, wo sie auf Steinwolle in Rekordtempo hochgezüchtet wurden, oder aus den Niederlanden oder gar aus Südafrika. Wir sind gegen die Abrodung des Regenwaldes, lieben aber geräucherten Tofu und gebratene Sojawürstchen. Blöd nur, dass der Regenwald für den Sojaanbau abgeholzt wird. Wir haben alle diese schrecklichen Dokus gesehen, die uns den verschwenderischen Umgang mit Nahrungsmitteln vor Augen führen, die dramatischen Zustände in der Massentierhaltung und die Überfischung der Meere. Wir verzichten auf Thunfisch aus der Konserve, weil der Rote Thun vom Aussterben bedroht ist. Wenn wir ein »Küken-KZ« sehen, in dem Abertausende dieser süßen Viecher ihrer alsbaldigen Schlachtung entgegenvegetieren, kämpfen wir mit den Tränen, weil unsere Augen noch nichts Schrecklicheres gesehen haben.

Die richtige Ernährung ist heute eine Wissenschaft für sich. Einfach essen, worauf man Appetit hat, ist zu einer Mission Impossible geworden.

Vegetarier lästern heute über »Carnivoren«, also Fleischfresser, obwohl diese in Wahrheit ja nicht nur, sondern auch Fleisch essen und »Omnivoren«, also Allesfresser, sind. Fleischliebhaber schimpfen wiederum über die Körnerfresser, obwohl die sich natürlich nicht nur von Hasenfutter ernähren. Ein kleiner Clash of Cultures durchzieht die westliche Jugend. Möglicherweise sind wir deshalb so auf unsere Gesundheit und unsere Körper fixiert, um in unserer Hochleistungsgesellschaft bestehen zu können. Der Tank will richtig befüllt werden, damit der Motor nicht schon nach den ersten Kilometern zu ächzen beginnt.

Neben der richtigen Ernährung ist auch die ausreichende Bewegung immer wichtiger in einer Sitzgesellschaft. Wenn ich Angehörige meiner Generation über ihren letzten New-York-Trip reden höre, dann kommt an einer Stelle immer der neue Fixpunkt jedes Aufenthalts im Big Apple: eine Runde Joggen durch den Central Park. Dann frage ich mich, ob die Leute nichts Besseres zu tun haben, als durch einen Park zu rennen, wenn sie gerade in einer der aufregendsten Städte der Welt sind.

Es ist schon erschreckend, mit welch religiösem Ernst die Gedanken der Generation Maybe um die eigenen Körper kreisen. Laut der amerikanischen Autorin Mary Eberstadt haben sich in der westlichen Welt die ethischen Befindlichkeiten in den vergangenen Jahrzehnten umgekehrt. In den 1950er Jahren konnten die Menschen noch essen, was ihnen geschmeckt hat. Dafür konnte man nicht lieben, wen und wie man wollte. Heute verhält es sich genau andersrum. Die Sexualität kennt keine Grenzen mehr, dafür muss man schon mal aufpassen, in welcher Gesellschaft man was isst.

Zeit Online schreibt im November 2013 über die eingebildeten Lebensmittelunverträglichkeiten: »Noch vor zehn Jahren waren Verdauungsvorgänge ein Tabuthema bei Tisch, heute breitet sich beim gemeinsamen Essen die neue Innerlichkeit aus. Jedes Grummeln im Magen, jedes Ziehen im Bauch wird diskutiert und mit ernster Miene kategorisiert. Wer alles klaglos hinunterschluckt und verdaut, sitzt dazwischen wie ein Klotz: unsensibel, unreflektiert – kurz: von gestern. Munter wird bei den Selbstdiagnosen Halb- und Unwissen durcheinandergewürfelt und weiterverbreitet.«

Miley Cyrus rät via Twitter ihrer jungen Fangemeinde gleich total von Gluten ab, sie habe schon richtig viel abgenommen dadurch. 28 Prozent der Deutschen geben an, keine Produkte mit Gluten mehr zu kaufen. Nur ein Prozent der Bevölkerung leidet aber tatsächlich an einer Glutenunverträglichkeit. Genauso wie bei vielen der Irrglaube vorherrscht, auf Laktose zu verzichten, sei generell gesünder. Egal ob man eine Allergie dagegen hat oder nicht.

Wie oft ist es mir als Allesfresser – oder vornehmer: Mischköstler – schon passiert, dass ich mir ungefragt einen Vortrag über meine Essgewohnheiten anhören musste. Auch mir wurde mein Fleischkonsum schon des Öfteren zum sozialen Verhängnis. Dann denke ich still und heimlich in mich hinein: Die neuen Imperialisten sind nicht mehr die Amerikaner, sondern die Vegetarier, und ihr Schlachtfeld ist nicht mehr der Nahe Osten, sondern das kalte Buffet. Man sagt nicht umsonst, Vegetarismus sei die Religion der Satten. Wer es sich leisten kann, aus dem täglichen Speiseplan ein politisches Programm zu machen, eine Weltanschauung oder einen Lebensstil, hat sonst keine Probleme mehr.

Dass man sich plötzlich um die richtige Ernährungsweise streitet und Gedanken über Dutzende Allergien macht, ist ein spezifisches Phänomen unserer Generation.

Schon manche Freundschaften sind am Thema »richtige Ernährung« zerbrochen.

Stefan F., ein Student an der Uni Hamburg, erzählt mir, wie schwer es für ihn als »Fleischfresser« gewesen sei, einen Platz in einer WG zu finden. »Bei den Castings um ein Zimmer in einer Wohngemeinschaft werden zunehmend politische Ansichten, religiöse Vorstellungen abgefragt, und eben auch, wie man sich ernährt«, sagt Stefan. In drei von insgesamt sieben WGs sei er einzig und allein aus dem Grund abgelehnt worden, weil er Fleisch esse. »Das war für die WG-Bewohner offenbar untragbar.« Ein Stück Fleisch im Kühlschrank, so Stefan, sei für die eine absolute Katastrophe. »Sorry, das geht mal gar nicht«, war der Satz, den er dreimal zu hören bekam. Dabei wollte er weder Kaninchenragout für die potentiellen Mitbewohner kochen, noch seinen Einstand mit garnierten Schinkenröllchen feiern. In einer WG wurde er sogar gefragt, wie er zur Tierrechtsorganisation PETA stehe. Als Stefan sagte, dazu habe er zwar keine fundierte Meinung, PETA sei doch aber sicher eine gute Sache, reichte das schon zur Disqualifikation. »Ich weiß es nicht, aber ich vermute, dass die gern gesehen hätten, dass ich dort Mitglied bin und mich für Tiere engagiere.«

Mit Toleranz hat es unsere Generation nur da, wo sie Toleranz gelernt bekommen hat: gegenüber Ausländern, Alten und Behinderten. Wer das absolute Gegenteil von Toleranz kennenlernen will, sollte sich um einen Platz in einer Vegetarier-WG bemühen. Da hilft nur rigorose Anpassung. Ein Stück abgepacktes Kassler im Kühlschrank reicht schon aus, um die vegetarischen Mitbewohner zur Weißglut zu treiben. Und würde man nach einer durchzechten Nacht mit einer Dönerwolke aufschlagen, gäbe es vermutlich sofort ein Kreuzverhör, bei dem man stets beteuern sollte, natürlich nur einen Gemüsekebab verzehrt zu haben.

Stefan lebt heute in einer WG, in der sich Vegetarier und Carnivoren den Kühlschrank teilen. Der Weg dorthin war aber ein weiter. Davon kann sicher nicht nur Stefan ein episches Lied singen. Pflanzenessen ist zu unserer individuellen Versicherungspolice geworden. Damit belegen wir unseren guten Willen, dokumentieren unser reines Gewissen, unsere sauberen Weltrettungsabsichten.

Mit seinen bisher drei erschienenen Büchern *Vegan for Fun*, *Vegan for Youth* und *Vegan for Fit* hat sich der 1981 geborene Berliner Attila Hildmann eine Goldgrube geschaufelt. Alle drei Bände wurden zu Mega-Bestsellern. Neben seinen Kochbüchern produziert Hildmann noch eine Menge Kochshows, Workshops und »Challenges«. Eine dieser »Challenges« fand im September 2013 in Kooperation mit Naturkost Rapunzel statt, einem der größten Unternehmen für biologische und ökologische Lebensmittel in Deutschland. In den Tiefen der Website http://www.bio-markt.info/ findet sich ein Erlebnisbericht davon. Dort heißt es:

»Schon in der Vorstellungsrunde zu Beginn der ›Mini-Challenge‹ wurde deutlich, dass sich eine ganz besondere Gruppe an diesem sonnigen September-Wochenende in Legau zusammengefunden hatte. Eine bunte Mischung von Frauen und Männern, hauptsächlich junge Menschen von 15 bis 35, aus der ganzen Republik und aus Österreich war ins Allgäu an den Firmensitz von Rapunzel gereist. Alle kannten Attila Hildmann, seine Bücher und das Rapunzel-

Veggie-Portal ›Jedes-Essen-zählt‹. Viele hatten bereits Challenge-Erfahrungen, heißt, sie hatten den Versuch unternommen, sich vegan zu ernähren und sich sportlich zu betätigen. Die Erlebnisse und Erfahrungen, die in der Vorstellungsrunde zum Besten gegeben wurden, waren beeindruckend.«

Für Sport und vegane Ernährung pilgern wir schon mal durch die halbe Republik, nur um den lebenden Beleg in Gestalt von Hildmann zu sehen, der uns beweist, dass man trotz Verzicht auf tierische Produkte nicht gleich tot umfällt. Hildmann ist die Instanz schlechthin, wenn es um das Fraßverhalten der jungen Generation geht. Seine Aussage: »Es geht nicht darum, unbedingt zu hundert Prozent vegan zu essen, sondern einfach darum, einen Anfang zu machen.« Es herrscht also kein Zwang, Hauptsache, es macht Spaß!

Jonathan Safran Foer erhebt noch den moralischen Zeigefinger. Bei seinem Buchtitel *Tiere essen* wabert unterschwellig das zwar unausgesprochene, aber dennoch gemeinte »Du sollst nicht …« mit. Foer als neuer Moses, der seinem gesundheitsbewussten und bauernhofliebenden Volk zuruft: »Du sollst keine Tiere essen!« Der sympathische Hildmann hingegen hat mit solcherlei Predigten nichts zu schaffen. Er ist ganz Kind seines Spaßzeitalters: *Vegan for Fun*. Der Untertitel dieses Buches lautet im übrigen »Junge vegetarische Küche«. Man möchte nachfragen: ja was nun, vegan oder vegetarisch? Aber so genau nimmt es der Apologet des neuen Ernährungsfuns dann auch wieder nicht.

Eine Allensbach-Umfrage zum Veggieday, den die Grünen in Deutschlands Kantinen einführen wollen, kommt

zu dem Ergebnis, dass sich insbesondere die 16- bis 29-Jäh-
rigen für diese Idee offen zeigen. Einem verpflichtenden
Gemüse- beziehungsweise fleischlosen Tag können wir viel
Positives abgewinnen. Gemüse ist unser Fleisch. Am bes-
ten aus ökologischem Anbau. Jeder vierte unter dreißig
Jahren kauft überhaupt nur noch Bioprodukte.

Unlängst erzählte mir eine militante Veganerin, 26, stolz
über ihre regelmäßigen Koksabende. Das gehöre einfach
zum Partymachen dazu, sagte sie, das sei doch auch gar
nichts Besonderes. Zur Veganerin war sie geworden, weil
ihr Huhn, Kuh und Schwein so leid täten, wenn sie gemäs-
tet und geschlachtet werden. Auch Tiere hätten schließlich
Rechte, sagte sie. Darüber, wie das Fleisch auf ihren Teller
kommt, hat sie sich lang und breit sehr tiefe Gedanken
gemacht. Wie allerdings ihr Kokain von Südamerika nach
Mitteleuropa gekommen war, scheint sie hingegen nicht zu
interessieren. Was stören schon die zigtausend Opfer im
Drogenkrieg. Sollen doch die Koksbarone ganze Landstri-
che kontrollieren und afrikanische Migranten in Europa
diese ehrlosen Botenjobs ausführen. Wen juckt das schon!?
Wirklich wichtig ist doch nur, dass Hühnerleber und
Putenbrust aus den Supermarktregalen verschwinden. Sie
gibt sich als heilige Johanna der Schlachthöfe, nur dass sie
sich nicht für die ausgebeuteten Arbeiter der fleischver-
arbeitenden Industrie einsetzt, wie in dem gleichnamigen
Stück von Bertolt Brecht, sondern für das Vieh selbst.

Die unheilige Johanna, mit der ich es zu tun hatte,
schleuderte mir auch den gern zitierten Satz entgegen:
»Solange es Schlachthäuser gibt, wird es auch Schlachtfel-
der geben.« Der Krieg unter den Menschen ist also erst
dann gelöst, wenn wir keiner Fliege mehr etwas zuleide
tun. Das alles ist für mich – dem es vollkommen egal ist,

wie sich die Menschen ernähren, solange sie nicht zu Fanatikern werden – nur ansatzweise nachvollziehbar.

Doch dann sagt Militärjohanna: »Der zweite Holocaust ist bereits in vollem Gange. Früher wurden die Juden wie Schlachtvieh zur Schlachtbank geführt, heute sind es die Tiere.« Wie man so einen Satz allen Ernstes sagen kann, ohne dabei in lautes Gelächter oder hysterisches Heulen zu verfallen, weiß ich nicht. Zumindest weiß die unheilige Johanna zwar, was ein Holocaust ist, zieht dann aber erst recht die völlig falschen Schlüsse daraus. Sie vergleicht nicht nur Äpfel mit Birnen, bei ihr rutschen Ursache und Wirkung vollkommen durcheinander. Zudem argumentiert sie bar jeder Vernunft und erklärt einfach mal nebenbei die Metzgerinnung zur neuen Waffen-SS. Und die Landwirte sind die Blockwarte von heute. Nein, hier feiern Kraut und Rüben fröhliche Urständ.

Das alles wäre nicht so schlimm, wenn es sich dabei um eine Einzelmeinung handeln würde. Tut es aber nicht. Natürlich vertritt meine unheilige Johanna keine Mehrheitsansicht, aber dennoch eine Minderheitenmeinung, was mehr ist als die willkürliche Meinung einer Einzelnen. Das Zitat mit den Schlachthäusern und den Schlachtfeldern habe ich inzwischen so oft gehört, und dabei ausschließlich immer von meinen Altersgenossen, dass ich es bereits auswendig kann. Der Sänger Max Prosa, Jahrgang 1990, formuliert es so: »In 200 Jahren wird die Massentierhaltung aussehen wie Sklavenhaltung, niemand wird begreifen, dass es das mal gab.« Die eine vergleicht also den Holocaust, der andere die Sklaverei mit der Massentierhaltung. Neger auf Tabakfeldern, Juden im Gas oder Hühner im Käfig – wo ist da schon der Unterschied!

Essen ist unser Kult. Auf der einen Seite zersplittern wir uns den Kopf, wie denn nun richtiges, ökologisches, gesundheitsförderndes Fressen funktionieren könnte. Auf der anderen Seite inszenieren wir unsere Abendteller wie postmodernes Design. Satt werden alleine reicht nicht, das Gemüsecurry muss auch noch mit dem idealen Farbfilter abfotografiert und ins Netz gestellt werden. Wir treffen uns mit Freunden zu gemeinsamen Kochsessions und machen aus jedem Dinner ein Event. Da wird drapiert, dressiert und dekoriert, bis die Tofuschwarte kracht.

Wenn es wirklich stimmt, dass junge Männer sich in ihrer Freizeit permanent durch unzählige Pornoseiten klicken, dann sind ihre Altersgenossinnen garantiert auf einem der Abertausenden Foodblogs unterwegs, um nochmal dieses leckere Rezept für die Zitronen-Chilli-Grünkohl-Chips oder die Orange-Cranberry-Mohnmuffins zu suchen. Aus welcher Perspektive man auch immer es betrachtet: Wir machen es uns so leicht wie nötig und so schwer wie nur möglich. Essen funktioniert heute nicht nach dem Bauhaus-Prinzip (gut ist, was einfach ist), sondern genau anders herum: Gute Sachen sind kompliziert!

Es ist ein unheiliges Wunder um diese, meine Generation, und wie sie es mit der Nahrungszufuhr hält. Junge Menschen waren einmal unbedarft. Sie rauchten Gauloises, tranken Tequilla und Jägermeister, und verschwendeten keinen Gedanken an ökologisch richtiges Verhalten und ausreichend körperliche Ertüchtigung. Sie machten sich nichts aus dicken Köpfen, schlechter Haut und einer kratzigen Lunge. Machten sich keine Gedanken, wie ihr Essen auf den Tisch kam.

Wir sind nicht so. Wir essen weniger, was schmeckt, wir essen vielmehr, was gut für unsere Gesundheit und das

Tierwohl ist. Heute entstehen Glaubenskriege um den politisch korrekten Speiseplan. Das gab es früher nicht. Wer heute raucht, Alkohol trinkt und Fleisch isst, geht beinahe als Badboy durch (oder als Badgirl) oder plagt sich mit einem schlechten Gewissen. Zur Klarstellung: Nicht alle der Generation Maybe sind essgestört, aber die Dichte an Essgestörten ist in der Generation Maybe besonders hoch.

Wir strengen uns so sehr an, die korrekte Lebensform zu finden, dass wir dabei das Leben selbst verpassen. Wir sind weder Fisch noch Fleisch. Wenn, dann sind wir eine fade Portion Birchermüsli, gesund zwar, aber auch langweilig. Denn im Zweifelsfall siegt bei uns immer die Vernunft. Es gibt kaum etwas Schöneres im Leben als ein gutes Essen. Wenn wir nicht ständig damit beschäftigt wären, es abzulichten, es zu verurteilen oder zu analysieren, könnte es zur Abwechselung einmal sogar richtig gut schmecken.

MODERNE ZEITEN
IM MASCHINENRAUM

»Bloß kein nine to five job – No-Go! – find ich ja mega ätzend!
Genau, ich mach einfach einen Fashionblog – geil!«
— Kraftklub
»Nun sind wir 27, bald alt und grau.
Keiner wurd' Rockstar von uns, niemand Astronaut.«
— Casper

Ich sitze in der U-Bahn, auf dem Weg zum nächsten Jobinterview. Auf dem Schoß ein Stapel voller Unterlagen, ich
gehe nochmal alle wichtigen Details im Kopf durch. Ich
erinnere mich daran, was sie mir bei der Weiterbildungs-
maßnahme im Jobcenter erzählt haben. Wie wichtig es sei,
den Blickkontakt zu halten und sich über den Arbeitgeber
schlau zu machen. Und ich erinnere mich noch, wie sie
uns Ringelschwänzchen zeichnen ließen, weil das irgendwie mit Psychologie zu tun haben soll und die Motivation
fördere.

Ich habe keine Erkenntnisse aus dem Ringelschwanz-
malen ziehen können. Vermutlich genauso wenig wie der
zwanzig Jahre alte Gabelstaplerfahrer im Kurs neben mir,
der wiederholen sollte, was wir in der Vorwoche gelernt
hatten: das Vier-Ohren-Modell von Schulz von Thun. Es
besagt, dass man eine Nachricht auf verschiedene Arten
auffassen kann. Auf vier Arten eben. Ich konnte mich nicht
mehr erinnern, welche das waren. Auch der Gabelstapler
neben mir hatte keine Ahnung. Warum er das wissen
musste, um wieder einen Job als Staplerfahrer zu finden,

ist mir schleierhaft. Seinem Gesicht konnte ich ansehen, dass auch er keinen blassen Schimmer hatte.

In der U-Bahn bricht mir der Schweiß aus. All diese langweiligen Unterlagen, die ich kennen muss. Dabei geht es doch nur um einen einfachen Nebenjob, um mir das Studium zu finanzieren, nicht um eine leitende Position, um meine Familie durchzubringen, die ich noch nicht habe. Trotzdem läuft es mir in Sturzbächen von der Stirn.

Bei dem neuen Job soll ich Kundenakquise betreiben. Was für ein hässliches Wort. Ich habe zwar das Jobprofil genauestens studiert, doch ich habe noch immer keine Ahnung, was ich da eigentlich machen soll. Irgendwas mit Anzeigen. Dabei will ich eigentlich nur mein Studium in ruhigen Bahnen zu Ende bringen. Sodass alle zufrieden sind, Mama und Papa, Oma und Opa, und ich mir am Ende vor dem Spiegel noch halbwegs ins Gesicht schauen kann.

Beim Jobinterview dann der Schlag ins Kontor. Es gibt vier Euro die Stunde, klärt mich mein Gegenüber auf, der Personaler des Unternehmens. Mit ein bisschen Ehrgeiz könne ich, je nachdem, wie viele Abschlüsse ich monatlich zustande bringe, auf 7,50 Euro pro Stunde kommen. Richtig motivierte Kollegen hätten auch schon zehn Euro geschafft.

Heute ist das Jahre her. Den Job habe ich bekommen, obwohl ich auch später nicht ganz kapiert habe, was ich da genau machen sollte. Aber zu meiner Beruhigung wussten es die anderen Studenten, Minijobber und geringfügig Beschäftigten auch nicht, also kurz: alle anderen Ausgebeuteten. Zwei Monate später habe ich den Job hingeschmissen und bin zur Feier des Tages mit meinem Kumpel Daniel einen heben gegangen. Am Tag danach habe ich wieder beim Arbeitsmarktservice alias Jobcenter Schlange gestanden.

Mit fliegenden Fahnen ins prekäre Leben.

Ob ich mich für einen Hungerlohn zu Tode schufte oder gleich Stütze beantrage, ist dann nicht mehr egal, wenn der Staat genausowenig zahlt wie ein Unternehmen.

So macht man das heute, wenn einen der Job nicht erfüllt und man im Hintergrund immer das sichere Auffangnetz von Familie und Freunden hat. Auch wenn man weiß, dass es denen auch nicht unbedingt rosig geht. Doch wir leben in der Zukunft. Geld ist am Ende immer da. Es wird schon irgendwie gehen, sagt man sich. Und versucht dann wieder, seinem Lebenstraum auf einem anderen Weg ein Stück näher zu kommen. Mal haben wir ein bisschen Kohle zur Verfügung, dann wieder nicht. Manchmal kommt Geld rein, dann wieder nicht. Egal, ob wir uns jetzt mit Projektarbeit über Wasser halten, mit unregelmäßigen Aufträgen, mit einer Anstellung nach der anderen oder mit Werkverträgen.

Den meisten in meiner Generation geht es so. Niemand muss leiden. Die einen haben ganz gute Startvoraussetzungen, andere nicht. Aber alle können es schaffen, hat man uns eingeimpft. Wir können alles erreichen, wenn wir nur fest genug daran glauben. Keine Frage, wir alle müssen uns durchwursteln. So lange, bis man endlich einen guten Job hat. Man muss Umwege gehen, sich hin und wieder erniedrigen lassen und oftmals peinliche Aufträge erfüllen. Doch wir sehen, dass es für uns schwerer ist, ein gutes Auskommen zu finden, als das noch der Fall bei unseren Eltern oder unseren älteren Geschwistern war, den Golfern. Zudem reicht es uns nicht mehr, einfach einen guten Job zu haben. Unsere Ansprüche sind höher. Wir wollen den besten Job, den ultimativ erfüllenden und uns glücklich machenden Spitzenjob. Mit wenig Arbeitszeit und viel Geld am Ende des Monats.

Es ist ein Virus, das irgendwann noch jeden befallen hat.

Bei mir hat der ganze Wahnsinn ungefähr da angefangen, als ich begonnen habe zu studieren. Ich hatte zuvor eine solide Lehre als Großhandelskaufmann im Eisenwarenhandel abgeschlossen. Drei Jahre lang, von meinem 16. bis zu meinem 19. Lebensjahr. Ich wusste also, was ein Klavierband ist, konnte ein linksdrehendes, also englisches, von einem rechtsdrehenden Gewinde, ein metrisches von einem Holzgewinde unterscheiden, zählte Schrauben von Spax, Dübel von Fischer, verkaufte Zylinderschlösser von EVVA und von Winkhaus und stellte Schlossern die unzähligen Beschläge für die Fenstermontage zusammen. Irgendwann konnte ich die gesamte RAL-Farbpalette der Firma Hewi auswendig im Schlaf aufsagen. Wenn es zu jedem Menschenleben gehört, einen Baum zu pflanzen, ein Kind zu zeugen und ein Haus zu bauen, dann – ja, dann hatte ich während meiner Lehre zumindest schon mitgeholfen, ein Haus zu bauen. Auch wenn ich nur die Fertigteile dafür verrechnet habe.

Ich war neunzehn und hätte zufrieden sein können. Vierzehn Gehälter im Jahr, gute Aufstiegchancen, altgediente Kollegen, die ihrem Alltagsgrau noch in den schlimmsten Augenblicken Witz abringen konnten, und eine Branche, die auch in hundert Jahren noch nicht in sich kollabieren wird – denn gebaut werden muss immer. Doch die Aussicht, ein Leben lang Scharniere über den Verkaufstresen wandern zu lassen, stimmte mich – um es einmal milde auszudrücken – missmutig. Da musste doch mehr rauszuholen sein, aus dieser Sache, die sich Leben nennt. Ich hatte nichts dagegen, mir die Hände schmutzig zu machen, im Gegenteil, es war die beste Schule meines Lebens: Lagerregale schrubben, das Magazin organisieren, zentnerschwere Lieferungen von unhandlichen, meterlangen Edelstahl-Gleitschienen einsortieren, Verkaufsgespräche mit Kunden führen (am besten mit wenig Rabatt) sowie Einkaufsgespräche mit Lieferanten (am besten mit ganz, ganz viel Rabatt). Es war die perfekte Vorbereitung für das erwachsene Leben. Aber es hat mich irgendwann gelangweilt. Obwohl es ein todsicherer Job war. Ich hätte ihn vermutlich bis zu meinem Lebensende machen können. Aber: Ich war nicht glücklich.

Glück ist der Maßstab unseres Handelns. Wir wollen tun, was uns glücklich macht. Vielleicht gibt es ja deshalb einen frappanten Ärztemangel. Ein Beruf, der Aussicht auf Status und Geld mit sich bringt. Der das Versprechen eines Häuschens am See, bezahlbarer Fernreisen und einer gesicherten Rente liefert. Aber macht er auch glücklich? Unbezahlte Überstunden, wenig Schlaf und ständig nur kranke und gebrechliche Patienten um sich herum, wo wir uns doch so gerne mit Schönem, Gesundem und Vitalem umgeben wollen.

Stattdessen träumt jeder davon, das zu machen, was einem wirklich gefällt. Und am besten davon auch sein Leben finanzieren zu können. Selbstgefertigte Basteleien im Internetshop verkaufen, Mode designen (vielleicht wird man ja die neue Jil Sander oder der neue Tom Ford). Oder wollte man nicht schon immer mal den ultimativen Krimi oder Liebesroman schreiben? Der Weg zum Glück führt nicht über Sicherheit, Besitz oder Ansehen. Viel wichtiger sind uns Freiheit, Kreativität und Individualität. Oder einfach alles, was unseren inneren Spieltrieb befriedigt. Dabei gehören Begriffe wie Leidenschaft, Kreativität, Mobilität längst zum Vokabular jedes Jobinterviews. Im Brotberuf sind es die modernen Masken der Konformität. Wir würden ihnen so gerne wieder ein wenig Bedeutung einhauchen.

Man darf die Worte »Arbeit macht frei« nicht verwenden. Der Spruch wurde von den Nazis so missbraucht und in die Tonne getreten, dass man ihn heute nicht mehr ohne schlechtes Gewissen in den Mund nehmen kann. Außer man will in einem Bewerbungsgespräch mit der NPD in Vorpommern Sympathiepunkte sammeln. Dennoch ist der Spruch »Arbeit macht frei« von einer knallharten Logik. Der Brotberuf dient nicht wenigen von uns dazu, sich die eigentliche Berufung damit zu subventionieren. Tagsüber rennen wir ins Büro, machen den ganzen Idiotenkram, für den wir nicht brennen, sondern maximal ausbrennen. Abends und nachmittags wechseln wir von unserem Beruf zu unserer Berufung und lassen so richtig kreativ die Sau raus. Es fühlt sich so viel besser an, der eigene Herr zu sein, als unter der Fuchtel eines irren Abteilungsleiters à la *Stromberg* Dienst nach Vorschrift zu machen, und das, obwohl man innerlich schon vor Monaten den Job gekündigt hat.

In meinem Freundes- und Bekanntenkreis arbeiten geschätzte neunzig Prozent nicht in dem Bereich, den sie einmal studiert haben. Das Studium hat eine Alibifunktion. Wir tun es, weil es sich gehört. Weil man dann besser verdienen kann. Weil man dann was in der Tasche hat. Doch das als groben Unfug zu bezeichnen, wäre noch zu milde. Es gibt Akademiker, die heute Taxi fahren, und Schulabbrecher, die mit dreißig die erste Million auf ihrem Konto liegen haben. Erfolg ist nicht davon abhängig, ob man studiert hat, sondern hängt von ganz anderen Faktoren ab, von Persönlichkeit, Charakter, Motivation, Intelligenz und analytischem Denken, von Urteilskraft oder Entschlossenheit zum Beispiel. Weil man allen einredet, studieren zu müssen, sind die Universitäten irgendwann randvoll. Die meisten Abiturienten haben gar keine Ahnung, was sie studieren sollen, und landen dann in vollkommen überlaufenen Fächern wie Psychologie, Politikwissenschaft, Erziehungswissenschaft oder Soziologie.

Und dennoch: Deutschland ist auf dem besten Weg in die Vollakademisierung. Es kann nicht mehr allzu lange dauern, bis sämtliche Lebens- und Arbeitsbereiche komplett verwissenschaftlicht sind. Kranken- und Altenpfleger, Physio- und Ergotherapeuten oder Hebammen – alles Berufe, für die bislang nur eine Ausbildung erforderlich war. Nun soll man dafür mehrere Semester in Hörsälen zubringen und ellenlange Arbeiten darüber verfassen sowie halbstündige Referate abhalten.

Inzwischen gibt es so obskure Fächer wie Pferdewissenschaften. Bis zum Jahr 2006 gab es nur eine Ausbildung zum Pferdewirt. Dann wurde der Beruf akademisiert. Nun kann man zum Beispiel »Pferdemanagement« in Osnabrück auf Bachelor studieren und anschließend an die Uni Göttingen wechseln, um dort seinen Master in Pferdewissenschaften zu machen. Nicht nur in diesem Studium erzählen sie einem was vom Pferd. Es gibt auch so bizarre Fächer wie »Beratungswissenschaft« oder »integratives Projektmanagement«.

In der *Frankfurter Allgemeinen Sonntagszeitung* vom 1. September 2013 kommt der Hochschulprofessor, Philosoph und SPD-Politiker Julian Nida-Rümelin zu der Einsicht: »Wir sollten den Akademisierungswahn stoppen.« Über die Folgen der Verhochschulung sagt er:

»Wir werden bald sechzig Prozent Studienberechtigte pro Jahrgang haben, in manchen Städten liegen wir schon bei siebzig Prozent. Meine These ist, dass sich daraus eine neue Qualität ergibt – eine negative. Wir

gefährden den Kern des deutschen Wirtschaftsmo-
dells, die auf exzellenten Qualifikationen begründe-
ten mittelständischen Unternehmen, die auf dem
Weltmarkt mitspielen können. Glaubt irgendjemand
ernsthaft, dass, wenn alle studieren, alle in Zukunft
Führungsfunktionen in Staat und Wirtschaft einneh-
men werden? Das ist naives Wunschdenken.«

Zurückgepfiffen wurde Nida-Rümelin von der damaligen
SPD-Generalsekretärin Andrea Nahles, die meinte: »Wenn
jetzt mehr als fünfzig Prozent eines Jahrgangs studieren,
ist das ein unverzichtbarer Beitrag für unseren Anschluss
im internationalen Vergleich.« Allerdings müsste gleichzeitig die berufliche Bildung gestärkt und attraktiver gemacht
werden, so Nahles weiter. Das ist in etwa so, als würde man
als Autofahrer, um ein Ziel zu erreichen, empfohlen bekommen, sowohl nach links als auch nach rechts abzubiegen.
    Dieser Trend ist nicht nur in der akademischen Welt zu
beobachten. Auch das duale Ausbildungssystem ist von
jenem Wahn befallen, aus jedem noch so anspruchslosen
Beruf ein Maximum an Geltung herauszuholen. Es gibt
den Lehrberuf zur Automatenfachkraft. Dabei geht es um
nichts anderes, als Automaten mit Flaschen zu befüllen
und später wieder zu entleeren. Auch die Berufe des Tank-
warts, des Textilreinigers, des Vorpolierers und sogar des
Kanalarbeiters können Jugendliche in mehrjährigen Ausbildungen erlernen. Und der Deutsche Industrie- und Han-
delskammertag wundert sich, warum sich immer weniger
junge Menschen für eine Lehre oder Ausbildung finden.
Der *Spiegel* spricht gar von einem »Ausbildungsdesaster«.
Warum also Azubi sein? Um einen Automaten fachgerecht
auszuräumen?

Wir sind die erste Generation, der das Wort prekär zugeschrieben wird. 2011 war ein Drittel aller unter 35-Jährigen in einem prekären Arbeitsverhältnis beschäftigt. Selbst wenn es einem gerade selbst nicht so ergeht, kennt man zumindest jemanden, auf den die Beschreibung »prekär« zutrifft. Dabei verschwurbelt das Wort Prekariat noch zu sehr, worum es im Grunde dabei geht, nämlich um Ausbeutung. Prekär beschäftigt zu sein bedeutet, weniger zu bekommen, als angebracht wäre.

Kein Wunder, dass immer mehr junge Menschen ihre eigenen Ich-AGs gründen und versuchen, sich auf Biegen und Brechen selbständig zu machen. Ein Konzept ist dabei zweitrangig. Hauptsache, weg aus der Tretmühlenfalle! Wer nach Abi oder Studium in den Beruf startet, ist erst einmal froh, überhaupt eine gute Stelle bekommen zu haben. Doch bei vielen macht sich nach einer gewissen Zeit Ernüchterung breit. Die Arbeitswelt ist doch nicht so, wie wir sie uns vorgestellt haben. Bei Licht betrachtet ist das Gehalt nicht unbedingt toll, und Aufstiegschancen kündigen sich auch nicht am fernen Karrierehorizont an. Und das, obwohl man Freizeit opfert, Freunde und Familie vernachlässigt.

Wenn die Piratenpartei Sinnbild unserer Generation ist, kann man diesen Effekt wunderbar an ihnen ablesen. Voller Optimismus wollten die Politjünglinge das alte System ein wenig aufbrechen. Doch in unregelmäßigen Abständen konnte man den Nachrichten entnehmen, wie ein Neo-Politiker nach dem anderen den Job aus Überlastung hinschmiss. Es kann gut sein, dass wir nicht mehr gewohnt sind, so hart zu arbeiten wie die Babyboomer.

Vielleicht kann sich deshalb bereits jeder zehnte deutsche Arbeitnehmer im Alter zwischen 18 und 29 Jahren vorstellen, mit dem oder der Vorgesetzten zu schlafen, um die Karriere voranzutreiben. Das hat eine repräsentative Umfrage von Forsa ergeben. Bei den über 30-Jährigen fällt die Zustimmung deutlich niedriger aus: Nur fünf Prozent der Befragten sagen, sie könnten sich Sex mit dem Chef als Karriereschub vorstellen. Je jünger, desto williger. Je jünger, desto mehr sind wir bereit, für den Aufstieg zu tun. Uns zu prostituieren.

Wir werden ausgebeutet und regen uns nicht einmal darüber auf. Klar, wir jammern ein bisschen herum, aber wir empfinden die Zustände als gegeben.

Niko kann davon ein Lied singen. Über einen gemeinsamen Bekannten bin ich auf ihn aufmerksam geworden. Warum? Er hat neun Praktika hinter sich. Neun! Davon die Hälfte unbezahlt. Das kürzeste Praktikum dauerte vier Wochen, das längste ein halbes Jahr. Niko gehört nicht zu denjenigen, die sich über brotlose Berufsaussichten nach einem brotlosen Studium beschweren. Er hat Medizin studiert. Er hat es fertig studiert. Doch aus irgendeinem Grund will Niko nicht in diesem Beruf arbeiten. Er sagt, er habe sich von Anfang an falsch entschieden. »Wäre ich jetzt noch einmal zwanzig – ich würde alles anders machen«, sagt er. Und das mit gerade einmal zarten 31 Jahren auf dem Buckel.

Für Niko stellte sich bis zu seinem Studium nie die Frage, was er einmal werden will. Er kommt aus einer Ärztefamilie. Niko wächst mit der Gewissheit auf, in die Fußstapfen seiner Eltern zu treten und auch selbst eines Tages Arzt zu werden. Nach einem einwandfreien Abi ist es für ihn nicht schwer, einen Studienplatz zu ergattern. Er zieht zum Studium nach Münster, findet eine schöne WG im Herzen der Stadt, nahe dem Prinzipalmarkt. Mit dem

Studium tut er sich nicht schwer. Er ist kein Prokrastinie-
rer, schiebt also Lernen nicht unnötig bis kurz vor einer
Klausur auf. Er findet schnell Freunde, feiert gerne, daher
merkt er wohl auch nicht, wie er selbst sagt, dass er für das
Studium nicht brenne. Niko macht einfach weiter, büffelt
fleißig unter der Woche, am Wochenende lässt er die Sau
raus. Doch im dritten oder vierten Semester wird das
Gefühl immer stärker, hier nicht hinzugehören. Niko sagt,
das Medizinstudium habe ihn nicht »erfüllt«. Zweifel
machen sich breit, ob er wirklich Arzt werden will. Aber er
wagt nicht, das Studium einfach hinzuschmeißen. Die
Eltern würden auf die Barrikaden gehen. »Die hätten mich
enterbt«, sagt Niko und lächelt so ein Alibilachen, von dem
man nicht sagen kann, ob es ein Lächeln der Befreiung
oder des Selbstschutzes ist.

Niko findet allmählich zu seiner Berufung, er war schon
immer engagiert, Greenpeace, PETA, Amnesty. Auch die
Alternativ-Charity Fuck for Forest fand er gut, er würde
sich aber nie selbst entblößen, um auf einer Bühne vor
wildfremden Leuten für den Frieden zu ficken. Wichtig
war ihm nur der Gedanke, dass man etwas bewirken
könne. »Als Arzt hätte ich das zwar auch gekonnt. Aber es
hat sich einfach für mich persönlich nicht richtig ange-
fühlt.« Gelenke, Muskeln, Sehnen, Organe – er konnte es
irgendwann einfach nicht mehr sehen.

Niko beginnt noch während seines Medizinstudiums
mit einem Praktikum bei einer Non-Profit-Organisation
(NPO). Er schließt sein Studium ab, ganz einfach um seine
Eltern nicht zu verärgern, aber auch, weil es sich später im
Leben vielleicht einmal bezahlt macht. Doch statt in den
Arztberuf einzusteigen, wechselt er die Richtung. »Was
wäre nach dem Studium gekommen? Eine Stelle als Assis-

tenzarzt, von der ich zwar besser hätte leben können, die mich aber nicht interessiert hätte.«

Neun Praktika also hat Niko letzten Endes absolviert. Rechnet er seine Famulaturen im Krankenhaus und in Arztpraxen noch dazu, kommt er auf zwölf. Heute verdient er bei einer NPO zwar bloß durchschnittlich, ist aber glücklich. »Vielleicht mache ich ja einmal was bei der Weltgesundheitsorganisation«, sagt Niko. Für ihn wäre das als gelernter Mediziner vielleicht eine ganz gute Aussicht.

Wer studiert oder studiert hat, kennt das Problem. Hat man sich für das richtige Fach entschieden? Oder ist man in einer uninteressanten, langweiligen, aussichtslosen Disziplin gelandet? Das Angebot möglicher Studienfächer, ja überhaupt der Berufsmöglichkeiten, wird immer größer.

Dabei treffen heute junge Erwachsene die Entscheidung, welchen Beruf sie ergreifen, welche Lehre oder welches Studium, nicht mehr für sich alleine. Es ist eine Entscheidung, die man gemeinsam mit den eigenen Eltern sondiert. Das ist zwar kein Rückfall in frühere Zeiten, wo der Vater in all seiner Herrlichkeit bestimmte, wo es langgeht und was aus einem werden soll. Aber so wie heute in jedem drittklassigen Betrieb bereits »Perspektivgespräche« zwischen Angestellten und Vorgesetzten über die beruflichen Veränderungsmöglichkeiten geführt werden, so herrscht heute auch im Privaten der Wille zur gemeinsamen Entscheidungsfindung.

An der Universität in Freiburg gibt es seit 1997 den sogenannten Erstsemestertag. Zu Studienbeginn können Studierende und Eltern gemeinsam den neuen Lebensabschnitt feiern. Rudolf-Werner Dreier, heute Universitätssprecher, war Initiator dieser Veranstaltung. Damals wurde er von seinen Kollegen belächelt. Ein Schultütentag für

Studenten?, fragten sie höhnisch. Aber es hat sich ausgezahlt. Heute ist der Tag ein fester Bestandteil des Unijahres und nicht mehr wegzudenken. Anfangs kamen rund 400 Gäste, inzwischen sind es mehr als 4000.

Dreier erzählt, dass man das Event schon relativ früh aufgrund des großen Andrangs verlegen musste, von der Mensa in das Kollegiengebäude. Dort habe man »sofort drei Etagen bespielt«. Doch irgendwann wurde auch dort das Gedränge zu Semesteranfang so groß, dass man den Erstsemestertag aus sicherheitstechnischen Gründen ins Fußballstadion des SC Freiburg verlegt hat. »Das konnte niemand mehr verantworten«, sagt Dreier. »Und es gibt in Freiburg keinen Saal für vier- bis fünftausend Leute.« Eine Messehalle wollte man nicht mieten, das passe nicht zur Uni. So ist es eben die Osttribüne im Stadion an der Dreisam geworden.

Rudolf-Werner Dreier sitzt in seinem Büro im fünften Stock des Rektoratsgebäudes. In anderthalb Wochen ist es wieder einmal so weit. Es wird auch bei diesem Erstsemestertag wieder allerlei Infostände für die neuen Studierenden geben. Eine Band ist gebucht, ein Kabarettist. Der Studienanfang ist heute – nicht nur an der Uni Freiburg – ein durchchoreographiertes Event. Dreier sagt, er habe schon früh die Entkrampfung des Generationenkonflikts bemerkt. Er sieht es auch an seinen beiden Töchtern, 22 und 26, die eine studiert, die andere mache gerade ein Volontariat. Eltern und ihre Kinder hätten heute ein viel entspannteres Verhältnis zueinander. Schon früh war ihm klar: »Wir müssen die Eltern stärker mit einbeziehen. Als Mitentscheider werden Eltern von ihren Kindern immer mehr einbezogen, für ein Studium und in ihrer Lebensplanung.« Aber nicht nur beim Erstsemestertag beobachtet Dreier eine neue Harmonie zwischen Alt und Jung. »Wir bieten als Funprojekt bei der Abschlussfeier an, sich im Talar fotografieren zu lassen«, sagt er. »Der Talar war seit den 68ern völlig out bei den Professoren. Bei den Studenten ist er jetzt wieder in.« Dreier meint, würde man die Studierenden befragen, 75 Prozent würden sagen, sie wollen ihre Abschlussfeier in Talaren feiern. »Das wäre etwa vor zwanzig Jahren noch unvorstellbar gewesen.«

Überhaupt seien Studenten heute recht anspruchsvoll in ihren Vorstellungen. »Die Studenten erwarten heute von der Universität nicht mehr nur, dass sie studieren und etwas lernen, sondern sie erwarten eine Karriere und dass sich die Uni um ihre Karriere kümmert. Sie erwarten einen perfekten Service.« Das Studium als abgesteckter Parcours.

»Es gibt sogar Elternsprechstunden bei uns«, sagt Dreier, »weil die Eltern oft andere Fragen haben als ihre Kinder. Und wir wollen das entzerren. Wir wollen möglichst nicht die Eltern und Studenten in einem Raum haben. Oft ist es so, dass die Eltern dann zielstrebig auf den Stuhl hinmarschieren und der Studienberater dann sagt: ›Können Sie vielleicht wieder aufstehen, ich möchte mich gerne mit Ihrem Sohn unterhalten.‹ Dann müssen wir oft sagen: ›Hier ist Schluss, Sie schaden der Persönlichkeitsbildung Ihres Kindes.‹«

Dreier sucht sichtlich nach den diplomatisch richtigen Worten. Dann sagt er: »Wir sagen den Eltern: ›Ihr müsst den Kindern die Chance geben, ihre Persönlichkeit zu entwickeln. Das kann kein Dauerbetreuungsverhältnis hier sein.‹« Und nach kurzem Zögern: »Wir nehmen den Studenten schon fast alles ab. Aber Windelwechseln wollen wir nicht.«

Nur wenige hundert Meter entfernt vom Büro Dreiers, im Service Center, arbeitet Eva Welsch. Die Fenster in ihrem Büro in der ersten Etage zeigen in einen Innenhof. Die Einrichtung ist weiß, bis auf ein rotes Bild von Mark Rothko. Akademikerkunst. Seit einigen Jahren bietet Welsch nicht nur den Studenten, sondern auch deren Eltern eine Sprechstunde an. Was für die heute junge Generation völlig normal ist, mit den Eltern zur Studienberatung zu gehen, war bei Eva Welsch noch ganz anders. »Ich bin ja eine Fast-noch-68erin«, sagt die heute 62-Jährige. »Wir machten natürlich alles ohne unsere Eltern. Wir hätten uns nie so verhalten wie die Generation jetzt. Wir wären auch nicht mit unseren Eltern in die Studienberatung gegangen. Das Bemerkenswerte ist, dass die Studenten das heute auch selber wollen. Deswegen halte ich das auch nicht für kritisierbar. Sie sind kameradschaftlich miteinander.«

Entscheidungen werden heute gemeinsam getroffen, sagt sie, von den Eltern und ihren erwachsenen Kindern. Wenn Eva Welsch auf die heute 15- bis 29-Jährigen schaut und sie mit ihren Vorgängern vergleicht, kommt sie zu dem Schluss: »Die heute junge Generation ist unselbständiger. Es gibt sehr viele mit der Haltung: Das hat mir keiner gesagt.« Man könne natürlich nicht alle über einen Kamm scheren, aber im Großen und Ganzen sei das schon so.

Ich kenne das aus eigener Anschauung. Ein guter Freund hat zum ersten Mal Reis selber gekocht, da war er Mitte zwanzig, ein anderer lässt mit fast dreißig seine Wäsche noch von Mama waschen, die er ihr einmal in der Woche vorbeibringt.

Die Einstellung der jungen Studenten zu ihrer Umwelt kann Welsch täglich aus nächster Nähe beobachten. In Beratungsgesprächen macht sie bei ihnen eine Mentalität aus, die alle Verantwortung von sich weist. Die Überzeugung vieler sei: »›Ich nehme auf, was man in mich reinstopft, wenn das aber keiner tut, dann ist es nicht mein Problem, wenn ich das Studium versemmle, den Bewerbungsschluss verpasse oder die Unterlagen nicht zusammen habe.‹ Das spiegelt sich in unserer Hotline wieder. Fünfzig Prozent der Anrufer sind die Eltern.«

Welsch stellt fest, dass Jugendliche heute hilfs- und ratsbedürftiger sind, als sie das noch zu ihrer Zeit waren. Sie hätten auch nichts Sperriges mehr an sich, kaum Ecken oder Kanten, nichts, woran man sich reiben könne. Sie kämen als Hilfesuchende und sie bedankten sich höflich dafür, wenn man ihnen einen Rat gebe. »Das läuft alles immer sehr harmonisch, sehr ruhig ab«, sagt Welsch.

Was sie in allen Gesprächen immer wieder bemerkt, ist der Wille zur Sicherheit. Alle sind auf der Suche nach dem einen Weg, der ihnen Ruhe und Gewissheit bringt. »Meine Generation kam gar nicht auf die Idee, bei einem Bewerbungsgespräch eine Frage zu stellen wie: Habe ich dann auch einen festen Job?« Allerdings sei der Jobmarkt damals ein besserer gewesen, sagt Welsch.

»Was wird jungen Menschen heute geboten? Jahresverträge. Das gab es in der Elterngeneration nicht. Ich bin doch nicht mit Zeitverträgen groß geworden, ich bitte Sie! Die Eltern sehen: Der hoppelt von Jahr zu Jahr, und plötzlich ist er aus dem Unternehmen wieder draußen.«

Es ist eine Elterngeneration, die sich noch aus den fetten Töpfen der späten Wirtschaftswunderjahre bedient hat. Und diese Eltern haben natürlich Sorgen, wie es ihren Kindern einmal auf dem Arbeitsmarkt ergehen wird, der immer komplexer, umkämpfter und härter wird. »Die Elterngeneration«, so Welsch, »möchte sterben mit dem Gefühl, mein Sohn ist Generaldirektor bei Siemens, und das wird er bis zu seinem 68. Lebensjahr machen.« Aber so läuft es natürlich nicht. Das weiß Welsch sehr gut, die durch ihre beiden Rollen als Studienberaterin und als Mutter beide Seiten kennt.

Auch Jugendforscher und Hochschullehrer Bernhard Heinzlmaier kennt das Phänomen der unselbständigen Jugend. Er sagt, Kollegen würden von besorgten Eltern angerufen, weil die 23-jährige Tochter nicht die richtigen Noten bekomme. Über Eltern, die zum Teil zwanghaft in das Leben ihrer bereits erwachsenen Kinder eingreifen und es steuern wollen, hat sich inzwischen ein eigener Begriff eingebürgert: Helikopter-Eltern. Ein Phänomen, das man zuerst noch bei Eltern von Grund- oder Gymnasialschülern beobachten konnte – nun ist es auch an den Universitäten, in den Studienberatungszimmern angekommen.

Wenn man sagen müsste, wovon sich unsere Generation am dramatischsten von unseren Vorgängergenerationen unterscheidet, kann man einige Punkte anführen. Rudolf-Werner Dreier, der sich im Gespräch von der heute jungen Generation sehr angetan zeigt und sie keineswegs verurteilen möchte, sagt: »Diese Generation ist nicht kritisch wie die 68er-Generation, die die Gesellschaft verändern wollte. Diese junge Generation akzeptiert die Gesellschaft.«

Das ist wahrscheinlich der größte Unterschied. Bekommen wir einen schlechten Lohn für unsere Dienste ausbezahlt, nehmen wir das als gegeben hin und begehren nicht dagegen auf. Die 68er, auch die Generation X, selbst noch die Golfer hätten eher für ihre gefühlte Gerechtigkeit gekämpft. Natürlich gibt es auch in unserer Generation krasse Überflieger, die bereits mit Anfang dreißig in sicheren Bahnen dahingleiten. Aber die breite Masse erlebt das anders und schlägt sich mit halbprekären Jobs herum, die gerade so viel Geld bringen, dass man es mit Ach und Krach bis zum Monatsende schafft.

2010 lebte mehr als die Hälfte der jungen Frauen zwischen 18 und 24 Jahren noch bei den Eltern. Bei den jungen Männern waren es sogar mehr als 70 Prozent. Und eine Studie des Statistischen Bundesamtes aus dem Jahr 2011 zeigt: Im Alter von 25 Jahren leben 21 Prozent der Frauen und 38 Prozent der Männer noch bei Mama und Papa. Wächst hier eine Generation von Nesthockern heran?

Klaus Hurrelmann ist sich da nicht so sicher. Er bemerkt aber die steigende Verunsicherung junger Menschen nach der Jahrtausendwende. »Es ist zwar eine sehr wohlhabende Zeit«, sagt Hurrelmann, »aber über die letzten zwei Generationen sind zum ersten Mal wieder Existenzängste mit Blick auf den Beruf vorhanden.« Das liege daran, dass viele gar nicht erst problemlos in das Berufsleben hineinkommen und dass sie dann nicht in die »Gestaltungskompetenz der Gesellschaft« vorrücken.

»Diese Mischung ergibt eine Gebrochenheit. Einerseits sehen wir bei der jungen Generation Entspanntheit, positive Einschätzung der Lage, eine Attitüde nach dem Motto: Mir kann nix passieren. Aber andererseits ist da die untergründige Angst, ob man in dieser Gesellschaft eine Chance hat, sich wirtschaftlich abzusichern«, sagt Hurrelmann. Und fügt hinzu: Die Generation Golf habe überhaupt keine Angst gehabt, keine Arbeitsplätze zu finden. »Der Arbeitsplatz war gebucht. Die Golfer konnten sich den aussuchen.«

Heute müsse jeder aufpassen: »Welchen Abschluss wähle ich, welche Entscheidungen treffe ich, wo lege ich mich fest?« Die Zeit sei heute so schnell, dass man möglicherweise eine vielversprechende Ausbildung für einen Beruf beginnt, für den es wenige Jahre später schon nicht mehr so glänzend aussieht.

Kurzum: Wer heute einen guten Job will, muss sich mehr anstrengen, als unsere Eltern das mussten. Mit der dreifachen Arbeitsleistung bekommen wir vielleicht den halben Lohn eines Golfers. Der tragische Fall eines 21-jährigen Deutschen, der sich im Sommer 2013 als Praktikant bei der Bank of America Merrill Lynch in London bis in den eigenen Tod überarbeitet hat, ist da nur ein Extrem, das zum Arbeitsmarktwahnsinn der heutigen Jugend dazugehört. Wann musste man schon auf der ersten Sprosse der Karriereleiter sein Erfolgsstreben mit dem Tod bezahlen?

Mit nur 21 Jahren?

Deutschland hat europaweit zwar die niedrigste Arbeitslosenquote unter jungen Menschen. Im Mai 2013 waren bei den unter 25-Jährigen 7,6 Prozent ohne Job. Nur zum Vergleich: In Frankreich waren es zum selben Zeitpunkt 25,3 Prozent, in Großbritannien 20,2 Prozent, in Schweden 23,4 und in den krisengebeutelten Ländern Spanien und Griechenland 56,5 beziehungsweise 59,2 Prozent. Der Preis für diese niedrige Quote bei uns jungen Deutschen ist, dass wir in schlechtbezahlten Jobs landen.

Daher gilt für uns auch immer mehr: Teilen ist das neue Haben. Wir organisieren Fahrgemeinschaften, um innerhalb unseres Landes mal schnell von A nach B zu kommen. Über Portale wie Airbnb quartieren wir uns im Urlaub in den Wohnungen von netten Leuten ein. Wir lesen kostenlose Online-News und ziehen vielleicht nach Berlin, weil es dort noch einigermaßen leistbaren Wohnraum geben soll.

Was wir wollen, ist die ultimative Selbstentfaltung. Doch irgendwann merken wir, dass die Zukunft, so wie wir sie in unseren Köpfen erträumt und wie wir Zukunft gelernt haben, nicht kommen will. Statt Selbstverwirklichung hoffen wir dann auf eine Festanstellung. Wir sind die Erbverwalter unserer Eltern und Großeltern. Wir wissen nicht, ob wir einmal selbst etwas hinterlassen werden für die, die nach uns kommen. Wir sind bereit, jeden noch so schlecht bezahlten Job anzunehmen, weil wir uns etwas davon versprechen. Unsere Bereitschaft zur Selbsttäuschung, zur Selbstausbeutung und zum Selbstbetrug scheint keine Grenzen zu kennen.

Wir wollen die Sicherheit einer Festanstellung, aber auch die Freiheit der Selbständigkeit.

Wir wollen die guten Seiten der Festanstellung: bezahlter Urlaub, Kranken-, Arbeits- und Rentenversicherung, Betriebsrat, regelmäßige, wenn auch minimale Lohnsteigerungen. Zugleich wollen wir die Freiheit der Eigenverantwortung: tun und lassen können, was man selbst will, keine Vorgesetzten, einen kreativ-produktiven Output. Wer strebt heute schon eine Karriere als Filialleiter der Kreissparkasse in Fulda an? Richtig: niemand. Irgend jemand muss den Job aber trotzdem machen. Wir hoffen so sehr, dass am Ende nicht wir die Drecksarbeit erledigen müssen, haben wir doch nichts anderes gelernt, als hoch zu fliegen. Wenn alle Stricke reißen, kann man noch immer zum Islam konvertieren und eine Dschihad-Karriere anstreben, bei *Deutschland sucht den Superstar* mitmachen oder einen Fashion- oder Foodblog aufziehen.

Die Welt wird nicht besser oder schlechter, sie wird nur anders. Die einen haben damit zu kämpfen, die anderen passen sich an. Aber wie heißt es so schön: Die wildesten Parties im Leben feiert man, wenn man keine Kohle hat.

POLITISCH KORREKT
GEGEN DIE GUMMIWAND

»A squirrel dying in your front yard may be more relevant
to your interests right now than people dying in Africa.«
— Mark Zuckerberg
»Die Wahrheit ist, man hat uns nichts getan.«
— Kettcar

An der Bar des Hotel Maritim in Stuttgart geht es auf
Mitternacht zu. Der Raum leert sich bereits langsam. Nur
einige hartgesottene Herren und Damen halten sich noch
an ihren Gläsern fest. Es war ein anstrengender Arbeitstag
für sie. So viele Termine und Besprechungen, so viel Image-
und Kontaktpflege. Nach dieser ganzen Schinderei muss
man auch mal abschalten und genießen können. Draußen
auf der Straße tobt der Winter. Es ist Januar. Weihnachten
und Neujahr sitzen noch in den Knochen, der Kopf ist
träge, alles geht noch langsamer vonstatten als üblich.

Ein älterer Herr steht inmitten der angeregten Runde an
der Bar. Er weiß nicht mehr, beim wievielten Glas Weiß-
wein er gerade ist, während er sich jovial unterhält. Seine
Krawatte ist gelockert, das internationale Zeichen für »gerade nicht im Dienst«. Aus seinem Augenwinkel kann er
womöglich erkennen, dass sich eine Frau dieser Runde
zugesellt. Jung, blond, stilvoll gekleidet – alles in allem
äußerst attraktiv. Die junge Frau wendet sich alsbald dem
älteren Herrn mit dem schlohweißen Haar zu. Sie löchert
ihn mit beruflichen Fragen, doch der denkt gar nicht erst

daran, darauf einzugehen. Aber die etwas übereifrige Blondine lässt nicht locker und bohrt weiter. Sie spricht ihn auf sein fortgeschrittenes Alter an, er ist 67, und sie weiß es. Alle wissen es. Der Alte holt zum Gegenschlag aus. Er schätzt die Frau auf 28. Damit landet er einen Volltreffer, sie ist tatsächlich 28 Jahre alt. Mit Frauen in ihrem Alter kenne er sich schließlich aus, sagt der Alte. Er sieht die Cola light in ihrer Hand und will wissen, wo sie denn herkomme, aus welcher Stadt.

»München«, sagt sie.

»Dort sind die Frauen doch eigentlich trinkfest?«, sagt er.

Bei dem Gedanken an Alkohol und München denkt der Alte unweigerlich an das Oktoberfest. Vor seinem inneren Auge taucht vermutlich jenes Symbolbild auf, für das München und das Oktoberfest in der ganzen Welt bekannt sind: eine dralle Bayerin im Dirndl. Der Blick des Weißhaarigen wandert auf das Dekolleté der jungen Frau. Dem beschwipsten Mann entfährt daraufhin ein Kommentar, der die Bundesrepublik in ihren Grundfesten erschüttern sollte. Er sagt: »Sie können ein Dirndl auch ausfüllen.«

Der Mann ist Rainer Brüderle, zu jenem Zeitpunkt Bundeswirtschaftsminister. Die Frau heißt Laura Himmelreich und ist Journalistin. Ein Jahr nach dem eben geschilderten Vorfall entschließt sich Himmelreich, einen Artikel über jene Begebenheit zu schreiben. Der Text erscheint im *Stern* unter dem Titel »Der Herrenwitz«. Kurz darauf entbrennt eine Sexismusdebatte in Deutschland. Brüderle, der Chauvinist, der Ewiggestrige, der Zotenreißer soll ein waschechter Sexist sein. Und die junge Journalistin hat es aufgedeckt.

Eine andere junge Frau mit dem Namen Anne Wizorek

liest diesen Artikel und findet es unerhört, was sich der Minister da erlaubt hat. Sie twittert ihre Wut in die Welt hinaus. Samt dem Hashtag #Aufschrei. Mehrere Wochen diskutiert Deutschland über nichts anderes als über den weinseligen Brüderle, der Frauen demütigt. Und darüber, dass Männer doch eigentlich überhaupt sehr oft Frauen sexuell diskriminieren. Lauter Busengrapscher, Popoklatscher und Augenzwinkerer seien die Männer, junge wie alte.

Es war eine Debatte, die hauptsächlich unter den Angehörigen meiner Generation ernsthaft geführt wurde. Für alle anderen handelte es sich dabei um journalistisches und politisches Kabarett. Aber wenn es in unserer Generation um Politik geht, dann um die Frage: »Hat der Minister gerade meinen Busen angestarrt!?« Eine künstliche Debatte, ausgelöst von einer 28 Jahre alten Journalistin, befeuert von einer 31 Jahre alten Bloggerin und »Netzaktivistin«. Dahinter steckt die Geisteshaltung einer Generation, die kaum noch etwas um den Schlaf bringt. Außer eben ein #Aufschrei.

Man teilt die Menschheit ja gerne in zwei Gruppen ein. Für die einen ist das Glas halb voll, sie sind Optimisten und können einer Sache auch noch dann etwas Positives abgewinnen, wenn um sie herum die Welt zusammenbricht. Wie ein Patient, der ein rauschendes Fest gibt, nachdem der Arzt ihm bescheinigt, er habe aufgrund seiner Krankheit nur noch sechs Monate zu leben. Die andere Gruppe sind die Pessimisten. Das Glas ist bei ihnen schon dann halbleer, wenn man nur einen winzigen Schluck genommen hat. Für sie gleicht das Leben einem einzigen stöhnenden Seufzer. Selbst bei 23 Grad im Schatten an einem wolkenlosen Urlaubstag finden sie einen Grund zum Nörgeln. Es könnte ja gleich anfangen zu regnen, der Urlaub dauert auch nur noch drei Tage, und wer sagt eigentlich, im Schatten und bei 23 Grad bekomme man keinen Sonnenbrand?

Aber dann gibt es da noch eine dritte Gruppe, die gerne übersehen wird. Sie ist noch nicht so bekannt wie die anderen zwei. In Politikersprache würde man sagen, sie gehört noch nicht zu den »etablierten Parteien«. Für diese dritte Gruppe ist das Glas mit dem Wasser sowohl halbvoll als auch halbleer. Das sind die Korrekten, für die jede eigene Meinung einen zivilisatorischen Rückschritt bedeutet, ihre gepflegte Harmoniekultur stört und den Weg, wenn nicht in einen dritten Weltkrieg, dann zumindest in die Barbarei freimacht.

Diese Korrekten sind wir. Wenn es um Politik geht, sind wir spaßbefreite Ausdifferenzierer, die mit Vollgas bei angezogener Handbremse den Berg hochfahren wollen und sich nicht einmal wundern, warum sie nicht von der Stelle kommen. Meinungen, Überzeugungen, Dissens, Streitkultur und Wertvorstellungen – all das ist für uns politischer Schnee von gestern. Sätze wie »Man wird doch wohl noch sagen dürfen ...« wird man nicht über unsere Lippen rattern hören. Und Schaum vorm Mund haben wir auch nicht.

Wenn man das politische Weltbild der Generation Maybe studiert, trifft man regelmäßig auf die Gattung der Allesversteher. Damit ich ja richtig missverstanden werde: Es ist nicht so, dass wir alles gutheißen oder gut finden. Im Gegenteil, bei so manchen Randereignissen der Weltgeschichte könnten wir richtig heulen, so schlimm ist das alles. Krieg in Syrien? Lässt uns tatsächlich für eine Sekunde verlegen ins Bierglas schauen. Kinderarbeit in

Asien? Zerstört unsere gute Samstagnachmittagslaune. Massenarbeitslosigkeit der südeuropäischen Jugend? Wir können ein dezentes Wohlstandsgähnen nicht mehr unterdrücken. Dabei sind es diese Megathemen, die uns zumindest noch ansatzweise interessieren. Geht es um die EU, deutsche Innenpolitik oder das Parteienspektrum, also alles viel näherliegende Themen als Krieg und Frieden, verabschieden wir uns geistig nach Entenhausen.

Für seine Politik-, Politiker- oder Parteienverdrossenheit hat jeder seine eigenen Gründe. Bei mir hat das alles schon recht früh begonnen. Mit zwanzig bin ich den Sozialdemokraten beigetreten, weil ich mich aus heute unerfindlichen Gründen politisch engagieren wollte. Doch meine Politkarriere war schon beendet, noch bevor sie begonnen hatte. Statt subversive Aktionen auszuhecken und an der Weltrevolution zu basteln, führten wir jeden Freitagabend bei Bier und Pljeskavica im Wirtshaus sozialistisch gefärbte Stammtischgespräche. Manchmal kamen fünf Seelen, manchmal acht. Also jene Randexistenzen, die an einem Freitagabend nichts Besseres zu tun haben, als über Politik zu debattieren. Es ging um das Pensions-, das Gesundheits-, das Bildungssystem. Meistens musste ich bei diesen Diskussionen aufpassen, mich nicht selbst in den Schlaf zu reden. Heute gruselt es mich bei dem Gedanken, in verstaubten Konferenzräumen so zu tun, als wolle man die Welt verändern, wobei man in Wirklichkeit nur hofft, die politische Karriereleiter hochzufallen. Für mich war dann auch nach knapp einem Jahr wieder Schluss mit dem politischen Engagement. Heute bin ich leidenschaftlicher Wechselwähler und habe bereits alles angekreuzt, was politisch vertretbar ist.

In unserer Generation entfernen sich die Menschen von

der Politik aus völlig unterschiedlichen Gründen. Aber wir entfernen uns. So etwas kann man auch nicht an einer Wahlbeteiligung messen. Zur Wahlurne schleppen wir uns mit einer letzten Portion Pflichtbewusstsein. Ansonsten bemerken wir die Fliehkräfte, die uns vom politischen Geschehen wegziehen, noch nicht einmal, sondern stellen lediglich vor einer Wahl fest, dass wir von kaum einem Thema Ahnung haben. Obwohl wir so intensive Medienkonsumenten sind wie keine andere Generation zuvor, haben wir auf Facebook, Twitter oder Pinterest nicht gesehen, was der Unterschied zwischen ESM, EFSF und EFSM sein könnte. Die Politiker reden nebulös daher, und wir nehmen es dankbar und gelangweilt hin, da es uns sowieso nicht interessiert. Eine Art Gentlemen's Agreement also.

Aus unserem defensiven Politikverständnis kann man uns keinen Strick drehen, hat es doch viel mit der jüngeren Geschichte zu tun. Die neunziger Jahre, in denen wir aufgewachsen sind, scheinen rückblickend das glücklichste Jahrzehnt der Menschheitsgeschichte zu sein. Zumindest für Westeuropa. Die Wirtschaft florierte, mit dem Untergang der Sowjetunion endete urplötzlich der Kalte Krieg, es gab keine Hochrüstung mehr zwischen Washington und dem Kreml, die Berliner Mauer wurde niedergerissen, und die DDR landete auf dem Schuttabladeplatz der Geschichte. Es hieß, alle Länder auf der Welt würden nun zu einer Demokratie werden. Mit Schengen öffneten sich die innereuropäischen Grenzen. Es gab keinen Klimawahn, keinen Euro, kein Hartz-IV und keine muslimischen Fanatiker. Die Grünen waren grün, die Sozis eine Arbeiterpartei und die Konservativen Ewiggestrige. Das schlimmste Ereignis in den Neunzigern war der Tod von Lady Di, Hunderttausende Briten trauerten um die Königin der

Herzen. Die Welle der Hysterie erreichte sogar die Bundesrepublik. Ein unfassbarer Wohlstand hatte sich in unserer Gesellschaft angehäuft. Die Neunziger, Fortunas Jahrzehnt.

Erst in den nuller Jahren ging die ganze Malaise los. Kaum im neuen Jahrtausend angekommen, platzte im März 2000 die Dotcom-Blase, die Wirtschaft stotterte auf einmal gehörig, fing sich aber relativ schnell wieder. Am 11. September 2001 dann der dunkelste Tag, den wir kollektiv erlebt haben. Von nun an sollte nichts mehr so sein, wie es einmal war. Denn nichts war mehr sicher. Wenn die Supermacht Amerika von irren Flugzeugentführern in die Knie gezwungen werden kann, gibt es tatsächlich keine Gewissheit mehr. Vom Fall der Mauer bis zum Fall der Türme war die Welt ein bisschen perfekt. Dann kam die große Leere.

Früher war alles anders: Man hörte Simon & Garfunkel, die Beatles oder Scott Walker auf Vinylschallplatten. Heute kriegen wir Rihanna, Bon Iver und Daft Punk über Streamingdienste wie Spotify. Wir haben statt mickriger Schwarzweiß-Röhrenfernsehern überdimensionierte HD-Riesenglotzen. Anstelle eines Straßenatlasses nutzen wir Navigationsgeräte. Doch Wahlen werden heute noch immer genauso abgehalten wie zu Zeiten von Rosa Luxemburg und Gustav Stresemann. Das ist genauso merkwürdig, als wäre der Stummfilm im heutigen 21. Jahrhundert noch von keiner anderen Filmtechnik abgelöst worden.

Wir sind keine unpolitische Generation. Wir glauben nur nicht an die herkömmliche Art von Politik. Wir finden es obskur, dass es so jemanden wie einen Verdi-Jugendsekretär gibt. Bei dem Wort »Kreisverband« sträubt sich unser kosmopolitischer Verstand. Wenn Politiker von den

»Menschen da draußen« reden, geht uns das »Geimpfte auf«, wie der Wiener sagt, wenn ihm der Kragen platzt. Kurzum: Unser Verhältnis zur Politik kommt einer passiv-aggressiven Störung gleich.

Die politische Ideologie, die meine Generation heute am meisten prägt, hört auf den fürchterlichen Namen Political Correctness. Ihr zufolge sollte man über manche Dinge tunlichst nicht das sagen, was man denkt. Weil sich sonst andere beleidigt fühlen und als Reaktion darauf gegenseitig die Köpfe einschlagen würden. Die Political Correctness lässt alle dieselbe Meinung vertreten, so sie sich denn eine gebildet haben. Egal auf welcher drittklassigen Party man unterwegs ist, fast alle sind sich einig. Die Reibung ist verloren gegangen. Wenn aber alle denselben Standpunkt vertreten, gibt es keinen Fortschritt mehr. Doch es ist uns egal. Politik ist uns so wichtig wie der berüchtigte Sack Reis, der irgendwo in China umfällt.

Die Inhalte der Parteien sind heute austauschbar beziehungsweise kaum voneinander unterscheidbar. Parteien unterscheiden sich nicht mehr voneinander, sondern von sich selbst, wie sie noch vor einigen Jahren waren. Die Grünen sind zu einer konservativen Partei geworden. Früher wollten sie Marihuana legalisieren, heute wollen sie Zigarettenautomaten verbieten. In der CDU, der Partei mit den christlichen Werten, gibt es Muslime, die sagen, für sie stehe das C nicht für »christlich«, sondern für »Chance«. Die FDP ist nicht mehr die Partei der Gutverdiener, das sind jetzt die Grünen. Und die Sozialdemokraten sind seit Jahren damit beschäftigt, ihren Status als Volkspartei endgültig zu ruinieren. Nicht nur wir als Generation, sondern auch sämtliche Parteien nivellieren sich hin zu einer sozialdemokratischen Mitte. Am Ende sind alle gleich.

Man muss nur mal einen Blick ins Parlament werfen. Im Bundestag sind derzeit vier Parteien vertreten, davon drei sozialdemokratische und eine sozialistische. Parteien verstehen trotzdem nicht, warum immer mehr Bürger, insbesondere junge, sich der aktiven politischen Beteiligung verweigern. Wir wählen deshalb nicht mehr, weil wir das Ergebnis schon im Voraus kennen: One size fits all.

Bei Politik geht es immer seltener um Inhalte. Das zeigt auf wunderbare Weise Die Partei, eine reine Satirepartei, die aber 2013 vom Bundeswahlleiter zur Bundestagswahl zugelassen wurde. Die Partei wirbt damit, eine Mauer um Deutschland herum zu bauen, ein Atomendlager im Berliner Bezirk Prenzlauer Berg zu errichten, sie ist für die Einführung einer »Faulenquote«, gegen die »Verblödung der Innenstädte« und will die deutsche Steuergesetzgebung per Quantenphysik noch komplizierter machen, als sie ohnehin schon ist. Ihr Motto lautet »Inhalte überwinden«.

Eine Partei, die mit diesen Slogans für Bundestagswahlen zugelassen wird, beweist, dass auch der ganze politische Betrieb Realsatire ist. Eine Satirepartei ist vollkommen irrelevant für den politischen Prozess. Aber es gibt einen Grund, warum diese geniale Blödeltruppe ausgerechnet in unserer Gegenwart ein wenig Aufmerksamkeit bekommt: Wo es keine echten Probleme mehr gibt, ist eben genügend Platz für eine Witzpartei.

Das klingt alles sehr theoretisch, machen wir den Praxistest. Um zu wissen, wie meine Generation politisch tickt, muss man nur auf eine x-beliebige Party gehen.

Ich bin auf einer WG-Einweihungsfeier in Berlin. Nach dem Routineprogramm von Begrüßung, Alkoholsuche und Smalltalk halte ich Ausschau nach einem Grüppchen, wo gerade heftig »politisiert« wird. Man muss geduldig sein. Erst bei fortgeschrittener Stunde und erhöhter Promillezahl drehen die Gäste so richtig auf, erst dann trauen sie sich mit ihren Ansichten hervor.

Schon recht bald knallt es los. Flink wie ein Wiesel stelle ich mich ein paar Schritte abseits der Gruppe und lasse den Nerd raushängen, der für solche Gespräche nicht geeignet zu sein scheint. Ich inszeniere einen nervösen Tick, bei dem ich abwechselnd leicht irre mit den Augen rolle und dann wieder durch die Nase schnaufe. So halte ich mir die friedlichen Krieger auf Distanz. Ich beabsichtige eine nicht-teilnehmende Beobachtung und möchte die Testergebnisse nicht durch mein Mitwirken verfälschen. Wie die NSA starte ich den großen Lauschangriff.

Es geht um die Banken, Monsanto und Massentierhaltung. Eine mir unbekannte Mittzwanzigerin, Jeans, Nike Airs, die Haare zum obligaten Dutt hochgesteckt (in der Szenefachsprache auch gerne als »Fick-mich-Dutt« bezeichnet – als ob eine Frisur eine Einladung wäre …), holt zum Rundumschlag aus. Die Banken seien schuld an der Wirtschaftskrise, sagt sie. Auch an der Eurokrise. Vor allem die Amerikaner. Und wir Bürger müssten nun alles zahlen. Für die Griechen. Und überhaupt alle anderen europäischen Südstaaten. Schlimm sei das, wie Politik und Banken miteinander paktieren und uns das Geld aus den Taschen ziehen.

Die Banken sind also schuld. Ob die Duttlady nun Sparkassen, Großbanken, Regionalbanken, Privatbanken, Bundesbanken, Zentralbanken, Investmentbanken, Lastenausgleichsbanken, Industriebanken, Hypothekenbanken, Teilzahlungsbanken, Schattenbanken oder »Bad Banks« meint oder alle gleichermaßen, sagt sie nicht. Lieber schütte ich mir was vom herumstehenden Bombay Gin nach und nehme einen radikalen Schluck, um zu vergessen, wie viel Macht die Banken über mich haben und mir gerade das Geld stehlen, während ich vollkommen ahnungslos auf einer etwas unausgegorenen Party herumlungere.

Aber nichtsdestotrotz kann man immer was dazulernen. Auch im Stadium leichter Benebeltheit, wobei ich nicht sagen kann, ob nun die Spirituosen meinen sanften Rausch verschulden oder doch eher die herumfliegenden »Argumente«. Nach *den* Banken geht es nun zu *den* Hühnern, die allesamt arm seien und unglücklich. Ich frage mich still, ob die Hühner wohl auch Opfer der Banken sind.

Ein junger Mann, ebenfalls in der Mitte seiner Zwanzigerjahre, ergreift nun das Wort. Mit seinen braunen Locken und einer John-Lennon-Brille auf der Nase sieht er dem Komponisten Franz Schubert sehr ähnlich. Er belehrt nun die Duttfrau und alle anderen Herumstehenden, die Banken seien gar nicht das größte Übel der Menschheit. Viel schlimmer sei die Massentierhaltung. »Wer Fleisch isst, zerstört den Planeten«, sagt Schubert. »Die Hühnerkäfige sind auch unsere Käfige«, schiebt er philosophisch nach. Ich denke, darüber könnte man einen coolen Sciencefiction-Film drehen. Für Schubert ist völlig klar, dass es nur einen Ausweg aus der ganzen Misere gibt, nämlich Vegetarier zu werden. Oder nur noch Biofleisch zu essen.

»Was denn jetzt?«, fragt ein Dritter, der sich bisher lediglich an seinem Bier festgehalten hat, aber nun wieder vollkommen nüchtern zu sein scheint, »vegetarisch oder Biofleisch?« Er sagt das wie ein in seiner Traumwelt gefangener autistischer Junge, der für einen kurzen Augenblick zu Bewusstsein kommt, genau das Richtige sagt, bevor er wieder wegdöst, und damit seiner Umwelt ihre Absurdität vorhält.

Man wird auch bei keiner politischen Partytalkrunde jemanden finden, der Israel nicht wegen Verbrechen gegen die Menschlichkeit beschuldigt. Doch während im realen Leben Israelis und Araber gemütlich am Strand von Tel Aviv ihre Cocktails schlürfen oder in Jaffa und Ramallah auf schattigen Plätzchen Kardamom in ihren Kaffee oder Tee tun, sterben in Syrien Hunderttausende Menschen. Wenn Geheimdienste unsere Daten wie eine Krake aus dem Netz saugen, sind wir sauer, obwohl wir das Monster ständig mit neuen Informationen und Daten über uns füttern. Wenn wir unsere intimsten Gefühle, peinlichsten Momente und politischen Meinungen auf Facebook raushauen, macht uns das gar nichts, obwohl Facebook damit dankbar Geschäfte macht.

In hitzigen Momenten können wir schon mal erregt herumwüten. Wir sind trotzdem keine Dogmatiker. Unsere Generation kennt nämlich nicht nur Lebensabschnittspartner, sondern auch Lebensabschnittsideologien. Wer legt sich schon auf eine Partei oder politische Überzeugung ein Leben lang fest? Wir sind alle ein bisschen sozial, ein bisschen liberal, ein bisschen konservativ. Es kommt ganz auf die Tagesverfassung an. Eigentlich gibt es nur drei Themen, für die wir uns wirklich begeistern können: Transparenz, soziale Gerechtigkeit und Nachhaltigkeit. Drei Werte, die insbesondere von einer Partei vertreten wurden, die bereits wieder gekentert ist: den Piraten.

Ich möchte aus erster Hand wissen, wie die Piraten politisch ticken. Deshalb treffe ich mich mit Lena Rohrbach. Sie ist 28 Jahre alt und Piratenpolitikerin. In drei

Wochen soll ein neuer Bundestag gewählt werden. Lena ist Listenplatzdritte für Berlin. Sie weiß noch nicht, dass es zum Einzug in den Bundestag nicht reichen sollte. Mit der S-Bahn fährt sie in die Wahlkampfzentrale, aber nur weil ihr Rad dort steht, sagt sie, sonst wäre sie von ihrer Wohnung in Neukölln hierher geradelt.

Die Wahlkampfzentrale der Piraten ist das Spiegelbild einer prekären Generation: eine ehemalige Aldi-Filiale. Rundherum Plattenbauten, die ästhetischen Überbleibsel aus DDR-Zeiten. Wo einst Regale mit Lebensmitteln standen, liegen heute Werbeplakate und Broschüren gestapelt. Ansonsten gähnende Leere. Eine ältere Frau sitzt vor einem Laptop, ein Student schichtet Material um. Sonst sind weit und breit keine Piraten in Sicht.

Lena Rohrbach kommt ursprünglich aus Gießen. Nach dem Abitur ging sie nach Berlin, um Philosophie zu studieren. Außerdem dockte sie dort bei den Piraten an. Im Piratenwiki schreibt sie über ihre Stärken: »Klarer Kopf und Argumentationsfähigkeit«, »Frustrationstoleranz und Durchhaltevermögen«, »Politisches Denken out of the Box«. Als Abgeordnete möchte sie »eine dienende Schnittstelle für Bürger*Innen und Zivilgesellschaft« sein. Vor ihrer politischen Karriere war Lena ehrenamtlich für den Naturschutzbund Deutschland tätig und arbeitete drei Jahre lang mit Kindern und Erwachsenen mit geistiger oder körperlicher Behinderung. Außerdem ist sie Mitglied bei Amnesty International. Sie absolvierte Praktika beim ZDF, der *Gießener Allgemeinen Zeitung* und bei Greenpeace. In einem Dorf an der indisch-pakistanischen Grenze hat sie zudem an einer Mädchenschule unterrichtet. Während ihres Studiums hat sie als studentische Hilfskraft, als Gleichstellungsbeauftragte und Tutorin fungiert. Sie war Bürgerdeputierte für den Ausschuss »Frauen, Gleichstellung, Queer« in der Bezirksverordnetenversammlung Friedrichshain-Kreuzberg und Mitglied des Kuratoriums Louise-Schröder-Medaille im Berliner Abgeordnetenhaus.

Alles in allem handelt es sich bei Lenas Biografie um einen Lebenslauf, den andere in fünfzig Jahren nicht zusammenkriegen. Berufserfahrung, abgeschlossenes Studium, Ehrenämter, Auslandsaufenthalte, politisches Engagement – alles, was eine vortreffliche Vita heutzutage ausmacht. Dennoch ist sich Lena der Problematik bewusst, was es heißt, Philosophie studiert zu haben. So viele Jobmöglichkeiten, zumal gut honorierte, gibt es in diesem Feld nicht gerade. Sie habe halt kein klassisches Fach gewählt, »wo man auf irgendein Ziel hin studiert«.

Über unsere Generation will sie kein vorschnelles Urteil abgeben. »Ich finde es schwierig, über eine ganze Generation zu urteilen, die doch relativ heterogen ist.« Sie finde außerdem nicht, dass wir alle richtungslose Schluffis seien, die nicht wüssten, wo sie im Leben hinwollen. Das sagt sie, nur um wenig später zu relativeren: »Für meinen Freundes- und Bekanntenkreis kann ich das allerdings schon unterschreiben.« Sich auf etwas festzulegen heiße ja immer, Alternativen auszuschließen. »Diese Alternativen wären ja vielleicht auch schön gewesen«, sagt Lena, »und je länger man sie sich offenhalten kann, desto eher hat man das Gefühl, das alles ja auch noch tun zu können.«

Während wir uns unterhalten, kommt die ältere Piratin zu uns, die sich bislang in den Tiefen des ehemaligen Supermarkts aufgehalten hat. Sie ist um die sechzig. Sie habe von Mirko einen neuen Computer bekommen, sagt sie, mit dem sie sich nicht auskenne, und jetzt sei auch noch dieses Twitter weg. »Kannst du mal kurz gucken kommen?«, fragt die Piratenlady. Lena Rohrbach rauscht davon. Nach ein paar Minuten ist sie wieder da. Sie konnte ihrer Parteifreundin »das Twitter« zurückgeben.

Dann sagt Lena: »Unsere Eltern erzählen uns, dass wir uns selbstverwirklichen und glücklich werden sollen. Aber es ist schwierig rauszufinden, was das eigentlich genau heißen soll. Das weiß man mit 22 nicht, aber vielleicht weiß man das mit 52 immer noch nicht.« Und wie ist es mit der Politik, wissen wir da auch nicht so recht, was das eigentlich ist? »Ich würde nicht sagen, dass diese Generation politisch naiv ist«, sagt Lena, »vielleicht trifft es desillusioniert, abgeklärt und skeptisch ganz gut.«

An mangelnder Information kann es anbieterseitig nicht liegen. Im Wahlkampf für die Bundestagswahl 2013 gab es ein in der Geschichte der Bundesrepublik bisher nie dagewesenes Dauerrauschen der Wahlkämpfer. Was haben unsere Politiker nicht alles gemacht: *An einem Tisch mit …* (RTL), *Wahlarena* (ARD), *Illner intensiv* (ZDF), dazu noch das Kanzlerduell und der Dreikampf mit den Spitzenkandidaten der drei kleineren Bundestagsparteien. In der ZDF-Sendung *Wie geht's Deutschland* wurden Einzelschicksale per Einspieler vorgestellt, und die Politiker im Fernsehstudio mussten vor Livepublikum Rätselraten. Tilo Jung klopfte in seiner Sendung *Jung & naiv* auf dem Privatsender Joiz Germany die Volksvertreter auf ihre Jugendtauglichkeit ab. Mit *Task Force Berlin* hat sogar ProSieben ein schnellgeschnittenes Politformat aus dem Boden gestampft, um junge Wähler anzustiften, am Wahltag ihr Kreuzchen zu machen. Für den Gang zur Wahlkabine hat es gereicht. Überzeugungsarbeit sieht jedoch anders aus.

Die Piraten waren das politische Projekt unserer Generation. Es ist vorerst gescheitert. Bei der Bundestagswahl erhielt die Partei lediglich 2,2 Prozent. Marina Weisband, »die schöne Piratin«, wie sie von der Bild-Zeitung getauft worden war, hatte schon vor dem Wahlergebnis prognostiziert: »Die Partei ist im Arsch.« Nicht nur die Partei, sondern der Versuch unserer Generation, der Politik ein neues Gesicht zu geben. Die Piraten haben es nicht deshalb vermasselt, weil zu wenige Menschen über deren Inhalte Bescheid wussten. Sie haben sich mit ihren Egos, mit ihrer fehlenden Kompetenz und ihrer Überforderung schlicht selbst zerlegt. Es war ein lautloser Knall, mit dem unsere Generation in Form der Piraten von der politischen Bühne abgetreten ist.

Am Ende lassen wir uns breitschlagen und schleppen uns zur Wahl. In Wirklichkeit aber bestimmen wir Politik nicht mehr über das Kreuzchen, das wir am Wahltag machen. Vielmehr sind wir eine Generation, die etwa über bewussten Konsum versucht, politische Statements zu setzen. Wir drücken damit aus, was wir gut finden und was nicht. Politik machen wir heute über die Kreditkarte, nicht über das Parlament. Ob ich Piraten wähle oder FDP, Sozis oder Grüne, ist vollkommen wurscht, weil das Ergebnis immer das gleiche sein wird. Für uns hat mehr Bedeutung, welche Produkte wir kaufen, welche Dienstleistungen wir in Anspruch nehmen, auf welche Lebensmittel wir setzen.

Eine Woche vor der Bundestagswahl im September 2013 ging es in der Talkshow von Maybrit Illner unter anderem darum, wie die junge Generation politisch denkt. Zu Gast war die 28 Jahre alte Journalistin Andrea Hanna Hünniger. In der Sendung sagte sie:

»Ich habe festgestellt, dass meine Generation der Wähler oder auch Nicht-Wähler bis 35 überhaupt nicht in den politischen Themen stattfindet. … Wenn im Wahlkampf über Renten gesprochen wird, dann weiß ich: Ich zahle jetzt vielleicht Rente ein für die Babyboomer-Generation, weiß aber in Wahrheit – niemand wird für mich mehr Rente bezahlen. Das ist eben ein Problem. Deswegen ist es uns absolut egal, ob die AfD jetzt über die Fünf-Prozent-Hürde kommt oder die FDP rausfliegt. Für uns wird sich unser Leben nicht ändern nach dieser Wahl, und das finde ich das Erschreckendste, dass eine Wahl unsere Lebensumstände nicht mehr verändert.«

Ich stimme Hünniger zu, bis auf den letzten Satz. Ich finde es beruhigend, wenn sich nach einer Wahl für uns nicht wirklich was ändert. Das beweist nur, dass wir nicht politischer Willkür ausgesetzt sind. Hünniger sagte weiter: »Ich erlebe uns eigentlich als politisch sehr gebildet. Vor allem die Leute, mit denen ich mich unterhalte. Das sind wirklich gebildete Leute, die zum Teil aber in höchst prekären Umständen leben. Und deren Themen finden sich auf der politischen Agenda überhaupt nicht wieder.«

Nun sind wahrscheinlich die »gebildeten Leute«, mit denen sich Hünniger regelmäßig über Politik unterhält, ebenfalls Menschen, die in der Medienbranche oder vergleichbaren existenzbedrohenden Disziplinen herumkrebsen. »Politisch sehr gebildet« sind vielleicht junge Leute wie Hünniger, die darüber im Fernsehen reden. Die große Masse interessiert Politik eher kaum.

Nein, so eine richtige politische Meinung haben wir nicht. Und wenn einmal doch, ist es fast immer die verkehrte. Nicht links, nicht rechts, sondern immer politisch korrekt gegen die Gummiwand. So sind wir halt. Immer eine Spur zu unterinformiert. Es gibt doch viel angenehmere Dinge im Leben.

Los, auf in die nächste Partynacht.

Lasst uns auf Autos tanzen.

Das Leben ist doch so schön.

NACHWORT

»Ich finde es gut, immer ein bisschen die Angst
im Nacken zu haben, auch versagen zu können.
Aber es ist nicht wirklich Angst,
eher ein Gefühl von Unsicherheit.«
— Scarlett Johansson
»Jedes Glück hat einen kleinen Stich.
Wir möchten so viel: Haben. Sein. Und gelten.
Dass einer alles hat: das ist selten.«
— Kurt Tucholsky

An einem Wochenende im Mai 2012 fahren Marina und ihr
Freund Michael mit einem Lexus durch den US-Bundes-
staat Massachusetts. Sie sind auf dem Weg zu Marinas
Eltern, die ein Haus in der Gegend besitzen. Das Leben
könnte für Marina nicht besser sein. Am Himmel präsen-
tiert sich nach einem knallharten Winter endlich wieder die
Sonne im sonst so kalten Nordosten der USA. Erst letzte
Woche hat Marina ihr Studium an der renommierten Uni-
versität von Yale abgeschlossen. Sie hat ein Jobangebot des
Wochenmagazins *The New Yorker* bekommen. Das ist für
Schreiber eine Adresse wie Google für Programmierer oder
Chanel für Modedesigner. Neben ihr, auf dem Fahrersitz,
steuert ihr Freund den Wagen. Sie wollen vielleicht heiraten.

Ein abgeschlossenes Top-Studium, beste Berufsaussichten und die große Liebe. Marina blickt einer goldenen
Zukunft entgegen. Doch dort sollte sie nie ankommen.

Am nächsten Tag berichtet die *Cape Cod Times*, die ört-
liche Zeitung, dass Michael gegen zwei Uhr nachmittags

die Kontrolle über das Fahrzeug verlor. Der Lexus überschlug sich. Michael überlebte schwer verletzt, Marina nicht. Sie war 22 Jahre alt.

In den Tagen danach wird klar, um wen es sich bei der verunglückten Marina Keegan gehandelt hatte. Sie war die Stimme ihrer Generation.

In einem Essay für die *Yale Daily News*, die älteste Studentenzeitung der USA, formulierte sie wenige Wochen vor ihrem Tod das Lebensgefühl ihrer Generation: »Wir sind selber unsere stärksten Kritiker, und es ist einfach, sich hängen zu lassen. Zu lange schlafen. Dinge aufschieben. Den einfachsten Weg wählen.« Damit spricht Marina ihren Altersgenossen aus der Seele. Sie fasst die Angst ihrer Altersgenossen in Worte:

»Wir haben diese unmöglich hohen Standards, und wir werden wahrscheinlich niemals so leben, wie wir es uns in unserer Fantasie einer perfekten Zukunft ausmalen. Aber ich fühle, dass das in Ordnung ist. … Die anderen sind irgendwie vorne dran, besser ausgebildet, spezialisierter. Eher auf dem richtigen Weg, irgendwie die Welt zu retten, irgendetwas zu erfinden oder zu verbessern. Jetzt ist es zu spät, noch einmal neu zu starten, wir müssen uns für Beständigkeit einsetzen. … Wir müssen uns vor Augen halten, dass wir immer noch alles erreichen können. Wir können unsere Einstellungen ändern. Wir können noch einmal von vorne anfangen. Die Auffassung, dass es zu spät ist, irgendetwas zu tun, ist komisch. Es ist urkomisch. Wir sind so jung. Wir können nicht, wir dürfen nicht den Sinn für unsere Möglichkeiten verlieren. Am Ende ist das alles, was wir haben.«

Ja, der Sinn für unsere Möglichkeiten. Das Verständnis, mit den uns gegebenen Optionen richtig umgehen zu lernen. Ein Gespür dafür zu entwickeln, was wichtig ist und was nicht. Vielleicht führt ja der Weg zu wissen, wohin man will, über den Umweg, zu wissen, was man nicht will.

Warum wir heute so zerrissen sind, zwischen allen Stühlen, bringt der Soziologe Norbert Bolz so auf den Punkt:

> »Was wir Moderne nennen – also die Zeit zwischen der europäischen Aufklärung und dem Ersten Weltkrieg – hat uns mit idealistischen Zumutungen überlastet und mit humanistischen Idealen geködert. Deshalb haben wir heute eine ambivalente Einstellung zur Moderne: Sie ist Utopie und Alptraum zugleich. Deshalb fällt es uns so schwer, souverän in eine neue Zeit einzutreten. Wir haben ein Entwöhnungstrauma der beendeten Moderne.«

Was Bolz hier für eine ganze Gesellschaft diagnostiziert, gilt für meine Generation ganz besonders. Wir haben Angst, das Leben zu verpassen. Daher beschleunigen und verdichten wir es, packen so viel hinein wie nur möglich, machen es effizienter und straffer. Doch gerade dadurch verpassen wir unser Leben erst recht.

Vor einigen Jahren geisterte der Begriff der Quarter-Life-Crisis durch die Medien. Nicht erst die Midlife-Crisis mit Mitte vierzig lässt uns unser Leben radikal überdenken – schon mit Mitte zwanzig beginnen wir, alles an uns zu hinterfragen. Ich glaube, es geht noch weiter. Wir sind eine Generation in einer Art Permanent-Life-Crisis. Ständig und überall nagt ein innerer Kritiker an unseren Entscheidungen. Wir haben Angst, aber nicht zu sehr.

Wir haben keine Meinung.
Wir sind alle so scheißpolitischkorrekt.
Wir sind Fahrstuhlmusik.
Wir sind die Packung Mon Chéri.
Wir sind das Flugzeugmenü.
Wir sind der Kuss von Gustav Klimt.
Wir sind das milde Wasser.
Wir sind die kleine Nachtmusik.
Wir sind Lena-Meyer-Landrut.
Wir sind alle Ökobauern.
Wir sind Bionade.
Wir sind laktosefreier Milchschaum.
Wir sind alle so elektro.
Wir sind ganz bestimmt nicht Gänsestopfleber.
Wir sind ungesättigte Fettsäuren.
Wir sind keine freien Radikale.
Ein bisschen frei.
Ein bisschen radikal.
Wir sind schrecklich cool.
Wir sind ein bisschen *Tatort*.
Ein bisschen HBO.
Wir sind gute Geister.
Wir sind die pure Selbstentfaltung.
Wir sind Eiertänzer.
Wir sind die gute Energie.
Wir sind alle Hobbyfotografen.
Wir sind ein bisschen schlau.
Ein bisschen reich.
Ein bisschen arm.
Ein bisschen schön.
Ein bisschen gut.
Ein bisschen geil.

Ein bisschen stark.
Ein bisschen schwach.
Ein bisschen links.
Ein bisschen rechts.
Ein bisschen faul.
Ein bisschen leicht.
Ein bisschen schwer.
Wir lächeln ein wenig.
Wir nörgeln ein wenig.
Wir lieben ein wenig.
Wir tanzen ein wenig.
Wir rauchen ein wenig.
Wir trinken ein wenig.
Wir ficken ein wenig.
Wir leben ein wenig.
Wir lieben das geplante Abenteuer.
Das kalkulierte Risiko.
Die sanfte Rebellion.
Die zarte Anarchie.
Wir sind Zweckpessimisten.
Wir sind Grübler, Denker, Träumer.
Wir sind keine wilden Kerle.
Wir sind nicht wir.
Nur ich und ich und ich und ich und ich und
ich und ich und ich und ich und ich ich und ich und ich
und ich und ich und ich und ich und ich und ich und ich
und ich ich und ich und ich und ich und ich und ich und
ich und ich und ich und ich und ich ich und ich und ich
und ich und ich und ich und ich und ich und ich und ich
und ich und ich und ich und ich ich und ich und ich und
ich und ich und ich und ich und ich und ich und ich und
ich ich und ich und ich und ich und ich und ich und ich

und ich und ich und ich und ich ich und ich und ich und
ich und ich und ich und ich und ich und ich und ich und
ich und ich und ich und ich ich und ich und ich und ich
und ich und ich und ich und ich und ich und ich und ich
ich und ich und ich und ich und ich und ich und ich und
ich und ich und ich und ich ich und ich und ich und ich
und ich und ich und ich und ich und ich und ich und ich
und ich und ich und ich ich und ich und ich und ich und
ich und ich und ich und ich und ich und ich und ich ich
und ich und ich und ich und ich und ich und ich und ich
und ich und ich und ich ich und ich und ich und ich und
ich und ich und ich und ich und ich und ich und ich und
ich und ich und ich ich und ich und ich und ich und ich
und ich und ich und ich und ich und ich und ich ich und
ich und ich und ich und ich und ich und ich und ich und
ich und ich und ich ich und ich und ich und ich und ich
und ich und ich und ich und ich und ich und ich und ich
und ich und ich ich und ich und ich und ich und ich und
ich und ich und ich und ich und ich und ich ich und ich
und ich und ich und ich und ich und ich und ich und ich
und ich und ich ich und ich und ich und ich und ich und
ich und ich und ich und ich und ich und ich und ich und
ich und ich ich und ich und ich und ich und ich und ich
und ich und ich und ich und ich und ich ich und ich und
ich und ich und ich und ich und ich und ich und ich und
ich und ich ich und ich und ich und ich und ich und ich
und ich und ich und ich und ich und ich und ich und ich
und ich ich und ich und ich und ich und ich und ich und
ich und ich und ich und ich und ich ich und ich und ich
und ich und ich und ich und ich und ich und ich und ich

ich ich und ich und ich und ich und ich und ich und ich
und ich und ich und ich und ich ich und ich und ich und
ich und ich und ich und ich und ich und ich und ich und
ich ich und ich und ich und ich und ich und ich und ich
und ich und ich und ich und ich und ich und ich und ich
ich und ich und ich und ich und ich und ich und ich und
ich und ich und ich und ich ich und ich und ich und ich
und ich und ich und ich und ich und ich und ich und ich
ich und ich und ich und ich und ich und ich und ich und
ich und ich und ich und ich und ich und ich und ich ich
und ich und ich und ich und ich und ich und ich und ich
und ich und ich und ich ich und ich und ich und ich und
ich und ich und ich und ich und ich und ich und ich ich
und ich und ich und ich und ich und ich und ich und ich
und ich und ich und ich und ich und ich und ich ich und
ich und ich und ich und ich und ich und ich und ich und
ich und ich und ich ich und ich und ich und ich und ich
und ich und ich und ich und ich und ich und ich ich und
ich und ich und ich und ich und ich und ich und ich und
ich und ich und ich und ich und ich und ich ich und ich
und ich und ich und ich und ich und ich und ich und ich
und ich und ich ich und ich und ich und ich und ich und
ich und ich und ich und ich und ich und ich ich und ich
ich und ich und ich und ich und ich und ich und ich und
ich und ich und ich und ich ich und ich und ich und ich
und ich und ich und ich und ich und ich und ich und ich
ich und ich und ich und ich und ich und ich und ich und
ich und ich und ich und ich ich und ich und ich und ich
und ich und ich und ich und ich und ich und ich und ich
ich und ich und ich und ich und ich und ich und ich und
ich und ich und ich und ich ich und ich und ich und ich
und ich und ich und ich und ich und ich und ich und …

Ein weiser Mann hat einmal gesagt: »Viel mehr als unsere Fähigkeiten sind es unsere Entscheidungen, die zeigen, wer wir wirklich sind.« Der Mann, der das gesagt hat, ist Albus Dumbledore, der Schulleiter von Hogwarts, Harry Potters Zauberschule. Was J. K. Rowling ihrer Figur in den Mund legt, scheint eine Wahrheit zu sein, die wir vergessen haben.

Wir sind sanfte Träumer. Alles was wir wollen, ist ein bisschen Friede, ein bisschen Freude und ein veganer Kuchen ohne Eier. Wir sind ein Wir, das eigentlich kein Wir ist. Wir wollen uns auf nichts festlegen, weil wir wissen: Am schönsten ist es unterwegs. Unsere größte Angst ist, einmal sagen zu müssen: »Ich habe nicht das Leben gelebt, das ich leben wollte. Ich habe die falsche Abzweigung genommen, vielleicht hätte ich besser geradeaus weiterfahren sollen.« Wir sind auf der Suche nach Stabilität und laufen doch immer davor weg.

In diesem Sinne, mit einem Augenzwinkern: YOLO!

You only live once.

Das Leben war schon immer eine Achterbahnfahrt. Der Rollercoaster ist nur ein wenig höher als früher. Vielleicht gibt es jetzt mehr Loopings, mehr Umdrehungen, die einen härteren Drehschwindel bei uns auslösen. Aber so hoch wie wir ist vor uns noch keiner gekommen.

Es riecht anders da oben.

Ein neuer Duft.

Eine frischere Luft.

Wir beginnen gerade erst zu schnuppern.

Und es riecht gut.

DANK

Ein Buch entsteht nicht im luft- und blutleeren Raum. Es hat zwar nur einen Urheber, dafür aber viele Mütter, Väter und Geburtshelfer.

Ich möchte zuallererst meinem Verleger Till Tolkemitt danken, der mir vom ersten Moment an sein Vertrauen geschenkt und an dieses Projekt geglaubt hat. Außerdem danke ich allen Mitarbeitern bei Haffmans & Tolkemitt.

Dank auch an meinen Lektor Klaus Gabbert, dem ich mit seltsamen und oft genug nicht zu öffnenden Mailanhängen die Nerven geraubt habe. Danke, lieber gab, für die Kritik, die Hilfe, das literarische Schleifpapier.

Mein besonderer Dank gilt Til Biermann, ohne dessen Vermittlung dieses Buch vermutlich nie erschienen wäre.

Danke meinem Freund und Testleser Andreas Mattenklotz-Kirchherr für die hilfreichen Anmerkungen.

Ich danke außerdem allen Gesprächspartnern, die mir ohne zu zögern für dieses Buchprojekt Rede und Antwort gestanden haben.

Der größte Dank gebührt jedoch meiner Freundin, die mich während der Arbeit an diesem Buch durch alle Höhen und Tiefen begleitet und ertragen hat, und die mir mit Tipps und Anmerkungen die größte Unterstützerin war, die man sich nur wünschen kann. Danke, Farina.

GLOSSAR

Wenn Sie einer anderen Generation angehören als den Maybes, etwa den 68ern oder gar der Nachkriegsgeneration, dann werden Ihnen vielleicht einige der in diesem Buch verwendeten Begriffe, Wörter und Phrasen, aber auch bestimmte Markennamen oder elektronische Dienste fremd sein. Zur Klarstellung (oder zur Erinnerung) hier noch einmal die wichtigsten:

Airbnb: Plattform für private Unterkünfte. Billige Möglichkeit, auf Reisen bei Fremden zu übernachten. Sozialverträglichkeit mit dem Gastgeber ergebnisoffen. Von der Affäre bis zum Gesinnungsterror alles möglich.

Apps: Dienstprogramme für Smartphones, quasi deren Organe. Lebens- und überlebenswichtig für den modernen jungen Menschen. Ohne Apps wäre das Telefon eine zwar schicke, aber leere Hülle.

Assassin's Creed: Neben Call of Duty das beliebteste Videospiel. Reine Männerdomäne. Hat den Kegelverein als spielerische Beschäftigungstherapie für große Jungs abgelöst.

Blog: Online-Tagebuch bzw. Online-Journal. Triebabfuhr für Kreative. Abführmittel für alle anderen.

Club Mate: Aufputsch-Limonade insbesondere von jungen Szene-Gängern. Mischung aus Bier, Kaffee und Red Bull. Hat als Kultgetränk bereits vor geraumer Zeit Bionade abgelöst.

Duckface: dt. Entengesicht. Gesichtsdeformation ohne eindeutig erkennbares Krankheitsbild. Dabei formen (meist weibliche Internetnutzer) auf Selfies ihre Lippen zu einer Schnute, um sinnliche Lippen wie die von Angelina Jolie oder Scarlett Johansson vorzutäuschen. Endet jedoch optisch fast immer als Daisy Duck.

Facebook: Weltweit populärstes soziales Netzwerk. Moderne Form der Bassena, des Marktplatzes, des Rummels, des Boulevards. Ort der Selbstdarstellung und des Tratsches. Funktioniert nach dem Prinzip »sehen und gesehen werden« sowie nach der Formel »fake it till you make it«.

Foursquare: Smartphone-App zum Teilen seines Standortes. In ein Restaurant kehrt man nicht mehr ein, man »checkt« ein. Foursquare-Nutzer meinen, dies sei von bedeutendem Interesse für die Menschheit.

Hashtag: Anglizismus für eine Raute. Also das hier: #. Wird zur Verschlagwortung in sozialen Medien verwendet. Postet jemand beispielsweise etwas über Angela Merkel, könnten die dazugehörigen Hashtags so aussehen: #mutti #alternativlos #ossi #fdj

HBO: US-amerikanischer Bezahlsender. Spätestens seit *Sex and the City* und den *Sopranos* weltweit *das* Leitmedium, was steile Fernsehserien angeht. In Deutschland nicht empfangbar, Episoden werden daher einfach illegal aus dem Netz gezogen. Um Eindruck bei den Maybes zu schinden, einfach erwähnen, wie bahnbrechend und originell das neueste HBO-Machwerk sei. Was immer klappt: *Oz.* Brutales Gefängnisdrama. Kennt kein Schwein und löst beim Gegenüber garantiert kulturelle Ehrfurcht aus.

Hipster: Modeabteilung der heutigen Jugend. Allerdings gesellschaftliche Minderheit wie Kannibalen, FDP-Wähler oder Stenographen. In ihrer Kleidungswahl ein wenig zu selbstbewusst. Selten gelobt, dafür um so öfter beschrieben in Büchern, Magazinen, Blogs.

IMHO: Internetsprache. Abkürzung für »in my humble opinion« (dt. »meiner bescheidenen Meinung nach«). Immer dann nachgeschoben, wenn das genaue Gegenteil der Fall ist.

Instagram: Smartphone-App zum Erstellen, Teilen und Kommentieren von Fotos, die dank Retromanie so aussehen müssen, als wären sie noch vor 1983 geschossen worden. Publikum teilt sich in zwei Hälften: Selbstdarsteller und Hobbyfotografen.

Manufactum: Trödel-Laden. Wie KiK, nur für Bessergestellte. Hochpreisige Waren für postmoderne Yuppies, die glauben, sich mit Geld guten Geschmack kaufen zu können. Es gibt sie noch, die nutzlosen Dinge.

OMG: Internetsprache. Abkürzung für »oh my God«. Zu Deutsch: »oh mein Gott«. Soll blankes Entsetzen darstellen. Wenn nicht geschrieben, sondern gesagt, immer in einer bestimmten Betonung. So als würde eine Akrobatikeinlage unter Cheerleaderinnen misslingen.

Pinterest: Soziales Netzwerk. Digitale Pinnwand für Fotos und Postits. Frauenlastig. Gepinnt werden meist Rezepte, die nachgekocht nie so gut schmecken wie sie auf dem Foto aussehen, und Mode, die stets bei allen anderen so lässig wirkt, nie aber bei einem selbst.

ROFL: Internetsprache. Abkürzung für »rolling on the floor laughing«, also sich wie ein Hund vor Lachen am Boden wälzen. Ausdruck größtmöglicher Heiterkeit.

Runtastic: Smartphone-App für Laufwütige, die den Umstand, nicht bei den Olympischen Spielen bejubelt zu werden, dadurch kompensieren, dass sie ihre Bestzeit in einem sozialen Netzwerk veröffentlichen.

Selfie: Mit dem Smartphone von sich selbst geschossenes Foto. Selbstporträt des 21. Jahrhunderts. Van Gogh for Dummies.

Snapchat: Smartphone-App. Wie Twitter, nur zerstören sich die verfassten Nachrichten wie im Universum von Inspector Gadget nach kurzer Zeit selbst.

Social Media: Internet zum Mitmachen à la Facebook, Foursquare, Wikipedia etc. User stellen impulsartig alle möglichen Informationen über sich ins Netz. Demokratisches Pendant zum US-Geheimdienst NSA.

tl; dr: Internetsprache. Abkürzung für »too long; didn't read« (dt. »zu lang; nicht gelesen«). Oft am Ende von längeren Texten im Internet, um die Kernaussagen nochmal kurz und knapp zusammenzufassen, für all jene, denen entweder Zeit, Geduld oder graue Masse fehlt, einen längeren Text vollständig zu lesen.

Tumblr: Soziales Netzwerk, meist zum Bloggen genutzt. Öfter noch zum Verbreiten von pornografischen Inhalten unter dem Deckmantel moderner Fotografie.

Twitter: Nachrichtendienst, meist auf Smartphones genutzt. Wie SMS, nur für alle einsehbar. Nachrichten mit maximal 140 Zeichen möglich. Potentieller Demokratiebeschleuniger in Schwellenländern. Saturierter Zeitvertreib in der westlichen Welt.

Vine: Smartphone-App. Erstellen von Superkurzvideos mit maximal sechs Sekunden Länge möglich. Diese können dann auf Facebook oder Twitter weiterverbreitet werden. ADHS für alle.

WTF: Internetsprache. Abkürzung für »what the fuck!«. Irrtümlicherweise gerne als »was zum Fick!« oder »was zum Ficken?« übersetzt. Eigentliche Bedeutung: »was zur Hölle!«.

Xing: Internet-Kontaktbörse für Karrieregeile.

YOLO: Akronym für die belächelte Phrase »you only live once« (dt. »du lebst nur einmal«). Als Sinnbild, seine Chancen zu nutzen. Der Lateiner hätte »Carpe diem« gerufen und dasselbe gemeint.

Hardcover PLUS

Buch und E-Book sind jetzt Freunde!

Der Kauf dieses Buches berechtigt Sie zum einmaligen
Download des Textes als E-Book.
Damit Sie lesen können, wie und wo Sie wollen.

Dies ist Ihr Code für den Download des E-Books:

OJGMPVUU5HT

Gehen Sie auf www.hardcover-plus.de
und geben Sie den Code dort ein.

Bitte beachten Sie, dass die Weitergabe des E-Books
an Dritte nicht gestattet ist.